Kemal Üres

Nicht ohne meine Seele

Kemal Üres

Nicht ohne meine Seele

Von einem, der Erfolg suchte und sich selbst fand

HEEL dfv

HEEL Verlag GmbH
Gut Pottscheidt
53639 Königswinter
Telefon 0 22 23 / 92 30-0
Telefax 0 22 23 / 92 30-13
info@heel-verlag.de www.heel-verlag.de

Dieses Buch erscheint im Rahmen einer Kooperation
mit dem Deutschen Fachverlag, Frankfurt am Main.

Umschlag: Grafische Gestaltung Guido Klütsch, Köln,
unter Verwendung eines Fotos von Kemal Üres (Copyright: Matthias Stoewer)
Layout und Satz: Publikations Atelier, Weiterstadt
Druck und Verarbeitung: PNB Print Ltd., Lettland

Printed in Latvia
ISBN 978-3-7588-0002-3

Für meine liebe Mutter
Saliha Üres Tercanli

Inhalt

Vorwort

Es erfüllt mich mit Freude und sogar Stolz, diese Zeilen schreiben zu dürfen. Als Schreibcoach habe ich bereits viele interessante Autorinnen und Autoren auf ihrem Weg zum Buch begleitet. Dass es sich bei Kemal Üres um eine herausragende Persönlichkeit handelt, habe ich zwar durchaus bereits bei unserem ersten Telefonat gespürt, in dem er mich bat, einen prüfenden Blick in sein soeben fertiggestelltes Manuskript zu werfen. Und gleichwohl er voll des Lobes über meinen Roman bzw. dessen Verfilmung *SMS für dich* war, blieb eine gewisse Skepsis, die sich allerdings als absolut unbegründet erwies – nur um gleich eine der zahlreichen weisen Lektionen vorwegzunehmen, die Kemal mich gelehrt hat, nämlich sich selbst und sein Denken stetig zu hinterfragen. Bisher war mir gar nicht bewusst gewesen, dass auch in mir, der es mir eigentlich sehr am Herzen liegt, anderen so offen und tolerant wie möglich zu begegnen, beschämende Vorurteile schlummerten.

Sie schlichen sich tatsächlich in meine Gedanken, diese Vorbehalte, die ich offenbar gegen Menschen hege, die vor zigtausend Followern auf Instagram und Co ihr Leben zur Schau stellen. Wenn solche Bilder zudem von einem Mitbürger türkischer Herkunft stammen, wie der Name bereits vermuten ließ, schien das Klischee für mich perfekt. Da ich bedauerlicherweise nur wenige persönliche Kontakte zu ausgesprochen netten Türken hatte, ließ ich mich zwar gerne auf ein näheres Kennenlernen ein, war aber insgeheim umso amüsierter, als es sich um eine Autobiografie eines Mannes handelte, die ich zu begutachten eingeladen wurde. Denn meine Erfahrung hatte mich gelehrt, dass männliche Autoren weitaus weniger von der schriftstellerischen Berufskrankheit Selbstkritik geplagt sind als weibliche. Entsprechend groß war also meine heimliche Erwartung, dass sich mein naives Bild, welches ich mir vorab von diesem millionenschweren

Firmenboss mit Migrationshintergrund gemacht hatte, auch bestätigen würde. Aber: Diese wurde auf ganzer Linie enttäuscht und ich auf beschämend positive Weise überrascht!

Wer einmal die entwaffnend wertschätzende Stimme eines Kemal Üres gehört, wer einmal in seine wachen Augen gesehen und wer einmal in sein großes, empfindsames Herz geblickt hat, wird berührt sein und ihn nicht mehr vergessen. Ich habe selten einen Menschen getroffen, der so tief unten war und doch oder gerade deswegen sich so hoch empor gekämpft hat und so weit auf seinem Seelenplan vorangeschritten ist wie er. Der bisherige Weg bis zur Mitte seines wechselhaften Lebens würde schon reichen für eine spannende und inspirierende Geschichte. Seine bemerkenswert mutige und authentische Erzählweise aber ist es, die sein Buch zu einem überaus wertvollen Wegweiser macht. Beklemmend ehrlich, aber auch erfrischend selbstironisch teilt er persönlichste Erfahrungen – von größten Selbstzweifeln und schwersten Depressionen bis hin zu wahrhaftiger Erfüllung und nachhaltigem Erfolg.

Die Begegnung auf diesem magisch anmutenden Weg empfinde ich als ein unschätzbares Geschenk, das so nur einer, nämlich Kemal Üres, mit all seiner Hingabe, Empathie und Geradlinigkeit geben kann. Danke aus vollstem Herzen, sagt

Sofie Cramer

Prolog

Tiefpunkt

Stell dir vor, es ist Sonntagmorgen, im Jahr 2014, du sitzt mit deiner Frau und deiner neunjährigen Tochter am Frühstückstisch. Es ist November und draußen hat es zu nieseln begonnen. Der Blick hinaus geht aufs Wasser, über den Hamburger Hafen, denn deine Wohnung liegt in der angesagten HafenCity. Sie ist geräumig und exklusiv. In der Tiefgarage stehen ein Porsche 911 und ein großer SUV. Du bist sehr erfolgreich, keine Frage. Und das mit Mitte 30. Rund 15 Jahre zuvor kamst du aus einem Dorf in Süddeutschland nach Hamburg. Mit nichts außer 400 Mark in der Tasche hattest du hier begonnen und die ersten Nächte in einem heruntergekommenen Hostel am Steindamm verbracht, einer zwielichtigen Gegend in der Nähe des Bahnhofs, wo du für 15 Mark pro Nacht übernachten konntest. Mehr war zunächst nicht drin. Du kanntest hier keine Menschenseele, noch dazu verstand man dich kaum mit deinem schwäbischen Dialekt. Aber du hast dich durchgebissen und es irgendwann geschafft: Was du auch anpacktest, es gelang dir. Sprosse um Sprosse nahmst du auf der Karriereleiter. Du hattest Erfolg und Geld, eine Frau und ein Kind, einen großen Freundeskreis, du warst respektiert und geachtet, kurzum: Es war dir gelungen, dir aus dem Nichts etwas Großes aufzubauen. Und praktisch alles, was du dir erträumt und hart erarbeitet hast, ist in Erfüllung gegangen – die Karriere, die Wohnung, das Geld, die Autos, die Familie.

Du schaust nun aus dem Fenster, aber der Ausblick auf die Elbe interessiert dich nicht; du hörst deine Frau sprechen, aber es kommt gar nicht bei dir an, was sie sagt; deine Tochter blickt zu dir, sie fragt dich etwas, aber du nimmst sie nicht wahr. In diesem Moment bist du meilenweit entfernt. Von allem. Du kannst geradezu körperlich spüren, wie plötzlich unter dir eine Klappe aufgeht, die dich verschluckt. Du hast den Boden unter den Füßen verloren, du fällst in ein tiefes schwarzes Loch. Du hast den Gipfel erklommen, hast deine ganze Energie in den Aufstieg gesteckt, und jetzt, an diesem Sonntagmorgen im Spätherbst, beginnt der unaufhaltsame Fall ins Bodenlose. Deine Ehe zerbricht alsbald, du wohnst fortan allein, ohne Frau und Kind, und die nächsten Monate verlässt du kaum noch das Haus und wenn doch, werden die Ängste, die dich ohnehin seit Jahrzehnten plagen, übergroß.

Weshalb ich dir diese Geschichte erzähle? Ganz einfach: Es ist meine! *Ich* bin dieser Mann an diesem Sonntagmorgen. *Ich* bin der, der abgestürzt ist.

Dieser Sonntagmorgen war der Anfang vom Ende. Aber dieses Ende war, wie so oft, zugleich auch der Beginn von etwas Neuem. Bis ich das allerdings wusste, war es ein verdammt harter, aber zunehmend erhellender Weg – von innen nach außen. Davon handelt dieses Buch.

Zwei Welten

Das, was einen Menschen prägt, formt sich bereits in der Kindheit, in den ersten zehn Jahren. Was hier geschieht, kann sich auf das ganze spätere Leben auswirken. So war es jedenfalls bei mir – in extremer Weise, wie ich am Ende dieses Buches offenbaren werde. Zunächst müssen diese Eckpunkte reichen, um nachvollziehen zu können, wie ich in dieses Leben gestartet bin:

Meine Eltern kamen 1964 aus der Türkei nach Deutschland, sie zählten zu den ersten Gastarbeitern. Mein Vater verdiente sein Geld als Maschinenführer in einer Fabrik, meine Mutter arbeitete zunächst ebenfalls dort, später hatte sie einen Job als Spülerin in einem Restaurant. Nebenbei schrieb sie Geschichten und Gedichte, die regelmäßig in türkischen Zeitungen publiziert wurden. Meine Eltern waren friedvolle, ausgeglichene Menschen, die mich und meine neun Jahre ältere Schwester mit viel Liebe großzogen. Beide hatten einen Traum: Irgendwann wollten sie zurück in ihre Heimat. Sie sparten für ein Haus, das sie sich dort bauen wollten. Hier, in Deutschland, wohnten sie mit mir und meiner Schwester in einer 45 Quadratmeter kleinen Wohnung in Stockach, einer Kleinstadt unweit des Bodensees. Viel Platz hatten wir also nicht, ein eigenes Zimmer für uns Kinder war nicht möglich, und so schlief ich mit meiner Schwester auf einem Sofa in der Küche.

Meine Welt aber war draußen, auf der Straße. Hier waren neun von zehn Familien ausländisch, ich war unter meinesgleichen – man verstand sich und hielt zusammen. Hier galt ich als etwas und war jemand, der etwas zu sagen hatte. Ganz anders allerdings verhielt es sich in der Schule. Hier war ich ein Niemand, ein Außenseiter, war schüchtern und bekam kaum den Mund auf, wenn man mich etwas fragte. Meine Mitschüler, fast allesamt Deutsche, sahen in mir nicht mehr als den „Ausländer" – ich war keiner von ihnen, obwohl ich akzentfrei Deutsch sprach, aber meine Kleidung verriet mich, das Auto meines Vaters, ein alter Ford, war alles andere als standesgemäß, und die Straße, in der wir wohnten, galt nicht unbedingt als erste Adresse am Platz. Kurz und gut: In der Schule war ich nicht der Wortführer, eher stand ich stumm am Ende der Reihe. Und das passte nicht zusammen, das ging nicht in meinen Kinderkopf. Es waren zwei Welten, die über vier Jahre Grundschulzeit so weit voneinander entfernt waren wie zwei Planeten im Sonnensystem. Zwei Welten, in denen unterschiedliche Menschen lebten, mit unterschiedlichen Sprachen und Kulturen und in denen auch mein Ich ein jeweils anderes war. Nur hin und wieder gab es Überschneidungen und das war oftmals befremdlich.

Nie werde ich folgende Begebenheit vergessen: Jörn, ein Mitschüler und mein einziger Freund aus der Schule, drängte darauf, mich auch einmal zu Hause zu besuchen. Das aber wollte ich unbedingt vermeiden – ich genierte mich für unsere kleine Wohnung, in der wir lebten. Am meisten Angst hatte ich jedoch vor seiner Entdeckung, dass ich nicht einmal ein eigenes Zimmer hatte! Denn genau das wollte sich Jörn anschauen. Es gelang mir eine Zeit lang, ihn zu vertrösten und Ausreden zu erfinden, aber irgendwann ließ er sich nicht mehr abwimmeln und erschien bei mir zu Hause. Wo denn mein Zimmer sei, wollte er wissen. Ich druckste herum, bekam einen roten Kopf und zog ihn schließlich in das Schlafzimmer meiner Eltern. Nein, das sei ja wohl nicht mein Zimmer, hörte ich ihn sagen, hier würden ganz offenbar meine Eltern schlafen. Mein Zimmer sei weiter hinten, behauptete ich und zeigte auf den großen Schrank, der in dem Schlafzimmer stand. Hinter diesem Schrank, sagte ich, sei die Tür zu meinem Zimmer, aber ich könne es ihm heute leider nicht zeigen, es sei einfach zu unaufgeräumt. Jörn gab sich zwar zufrieden, aber ich ahnte, dass er mir kein Wort glaubte.

Mein Vater war Zeuge dieser Szene. Ich tat ihm leid. Vielleicht fiel ihm jetzt und hier zum ersten Mal auf, wie sehr ich litt unter der Wohnsituation und darunter, dass ich keine einzige Ecke dieser Wohnung für mich hatte. Ändern konnte er zwar nichts daran, aber kurz darauf kaufte er mir einen kleinen Schreibtisch, den er mir in die Küche stellte. Dieser Schreibtisch, der nur mir allein gehörte, war für mich ein großes Geschenk. Er war wie ein Ersatz für das fehlende Zimmer. Ich liebte ihn, diesen kleinen Schreibtisch.

Diese zwei Welten, die so weit entfernt voneinander lagen, die nichts miteinander zu tun hatten, aber doch in meinem Kosmos nebeneinander existierten, sie kamen dann irgendwann zusammen: Nach dem Ende der Grundschule wechselte ich auf die Hauptschule und dort gab es dann bloß noch die eine Welt – die Welt, die aus mir und meinen Freunden von der Straße bestand, denn hier, auf dieser Schule, sah ich sie alle wieder!

Ich war zehn Jahre alt, als die Grundschule und alles Unschöne, was damit zusammenhing, ein Ende hatte. Doch das eigentliche Trauma, das hinter mir lag, wirkte sich auf mein ganzes späteres Leben aus …

Die neue Heimat Hamburg

Mein Selbstbewusstsein war nie besonders stark ausgeprägt, stets hatte ich das Gefühl, nicht gut genug zu sein, meinen eigenen Ansprüchen und vor allem denen der anderen nicht zu genügen. Aus diesem Mangel wiederum erwuchs die Angst: Angst, Fehler zu machen, Angst vor dem Misserfolg, dem Scheitern. Meine Selbstzweifel hatten weitreichende Folgen, denn sie waren Antrieb und Bremse zugleich. Davon möchte ich im Folgenden erzählen.

Mein Weggang von zu Hause nach Hamburg hatte mehrere Gründe: Ich wollte etwas Neues beginnen, wollte Geld verdienen und Erfolg haben. Und noch etwas wollte ich: Ich wollte weg von mir, den ich nicht mochte, hin zu einem Ich, das anders war, das in sich ruhte, das wusste, was es wert war. Zunächst arbeitete ich an der Bar eines Hotels am Hamburger Hafen, und natürlich wollte ich den Job so gut wie möglich machen. Dabei kam mir allerdings ständig jemand in die Quere: ich selbst! Meine Angst, Fehler zu machen und meinen Job nicht gut genug zu erledigen, führte fast zwangsläufig dazu, dass ich am Ende *tatsächlich* Fehler machte. Dies wiederum war Futter für meine Selbstzweifel, denn die wurden dadurch nur bestätigt.

Es war also ein echter Teufelskreis. Und der beschränkte sich natürlich nicht bloß auf die Arbeit. Ich war mein eigener gnadenloser Beobachter, was auch immer ich tat. Mochten mich die anderen? Was dachten sie von mir? Wofür hielten sie mich? Um diese Fragen kreisten meine Gedanken. Es war mir äußerst wichtig, gemocht zu werden, ich ertrug es kaum, wenn keine positive Rückmeldung kam. Ich wollte gefallen, denn ich gefiel mir selbst nicht. Ich stand in größter Abhängigkeit vom Außen, von dem Urteil der anderen. Mich selbst und meine Wünsche hatte ich völlig vernachlässigt. Wenn ich mich überhaupt wahrnahm, dann als jemand, der mir ständig im Weg war. Es brannte lichterloh in mir drinnen, aber es war nicht nur ein Feuer, das die Maschine am Laufen hielt wie bei einer Lokomotive, ein Feuer, das für den Antrieb sorgt; es war auch ein zerstörerisches Feuer, das mir die Luft zum Atmen nahm. Wie ich oben schon sagte: Meine Selbstzweifel waren Antrieb und Bremse zugleich. Allerdings gelang es mir nicht, das zerstörerische Feuer zu löschen, im Gegenteil – ich fachte es nur noch mehr an und es wurde im Laufe der Zeit immer größer und zerstörerischer.

Nachdem ich das Hotel gewechselt und fortan im Park Hyatt in der Hamburger Innenstadt wie für drei gearbeitet und Wissen wie ein Schwamm aufgesogen hatte, kam zwar schnell der Erfolg. Ich wurde mit 21 Jahren sogar der jüngste Manager der Hotelkette und war gleich für zwei Abteilungen zuständig. Und ich habe auch noch sehr präsent, wie mein Chef vor meinen Mitstreitern meinen Willen und meine Leistungsbereitschaft lobte und ihnen nahelegte, diese zum Vorbild zu nehmen. Und doch half mir all das kein Stück weiter.

Ich war erfolgreich und genau das hatte ich doch gewollt – Erfolg war mein Feuerlöscher, wie ich glaubte. Aber das stimmte nicht. Natürlich war ich stolz, aber die Selbstzweifel waren noch immer größer als der Stolz auf das, was ich leistete. Noch immer war ich unsicher, verkrampft, angespannt. Noch immer fühlte ich mich beobachtet – von den anderen und von mir sowieso. Noch immer war ich selbst mein größter und unbarmherzigster Kritiker.

Ich sah nur einen einzigen Ausweg aus dieser Misere: die Selbstständigkeit. Wenn ich mein eigener Chef wäre, dann gäbe es – außer mir selbst und meinen Kunden – niemanden, der mich beobachtet, der mich beurteilt, dem ich Rechenschaft für meine Fehler ablegen muss. Und dann wagte ich tatsächlich den Schritt: Zusammen mit einem alten Schulfreund als Geschäftspartner kaufte ich ein Lokal in Eimsbüttel, das *La Paz*. Mein Partner war jedoch kein Gastronom, und es stellte sich rasch heraus, dass wir unterschiedliche Auffassungen hatten, was die Führung eines solchen Lokals betraf. Auch das Engagement, das wir jeweils aufbrachten, war nicht das gleiche. Kurzum: Ich brannte für den Job, für das Lokal, für den Erfolg; mein Partner ließ es eher entspannt und gemütlich angehen.

Auch jetzt noch hatte ich permanent Angst: Angst zu versagen, Angst vor der Pleite und um meine berufliche Existenz. Diese Angst und meine Zweifel, alles richtig zu machen, waren noch immer meine ständigen Begleiter. Ich ackerte mich halbtot, arbeitete 12 bis 15 Stunden täglich. Das Ganze ging über lange Jahre. 2006 war ich vollkommen ausgebrannt und brach das erste Mal zusammen. Ich musste handeln, so konnte es nicht weitergehen. Fünf Wochen verbrachte ich in stationärer Behandlung in Kassel. Hier wurden mir zum ersten Mal Antidepressiva verabreicht, die ich schließlich die nächsten zwölf Jahre nehmen würde.

In der Psychiatrie gab es ein Ereignis, das ich nicht vergessen habe: Eines Morgens blickte ich in den Spiegel und nahm mich zum ersten Mal wieder bewusst wahr. Das klingt natürlich seltsam, wenn man das liest, aber so war es tatsächlich: Ich sah mich in diesem Moment zum ersten Mal seit Jahren wieder! Die zurückliegenden Jahre hatte ich bloß funktioniert, war nie bei mir selbst, sondern immer irgendwo anders und immer beschäftigt. Der Blick in den Spiegel hatte gar nicht stattgefunden, weder im echten Sinne – ich hatte tatsächlich ewig nicht mehr in den Spiegel an der Wand gesehen – noch im übertragenen: Ich reflektierte und *spiegelte* nicht, was ich erlebt hatte, kam nicht zur Ruhe, ich malochte wie ein Wahnsinniger. Es fand nie ein Innehalten, ein Besinnen statt, es war eher wie ein Marathonlauf im Sprinttempo. Das Geschäft, das *La Paz*, funktionierte, so wie auch ich bloß funktionierte. Aber ich war kein Business, sondern ein Mensch. Das allerdings hatte ich vollkommen vergessen. Alles, mein ganzes Dasein, habe ich geführt und organisiert wie ein Business – jedoch ohne überlebenswichtige Pausen oder echten Ausgleich.

Und diese Getriebenheit, die in mir steckt, führte auch dazu, dass ich während der fünf Wochen, die ich in der Klinik verbrachte, gleich die nächste Geschäftsidee konzipierte, die vier Jahre später realisiert wurde. Weil ich es immer noch nicht gelernt hatte, meine innere Leere wahrzunehmen und auszuhalten, suchte ich weiterhin Halt im Außen. Und so bestand das *La Paz* zwar fort und ich führe es bis zum heutigen Tage. 2010 jedoch gründete ich mein eigenes Unternehmen, basierend auf jenem Food-Konzept, das nicht nur Kantinen quasi in Restaurants verwandelte, sondern sogar auch als einer der ersten Online-Shops im Food-Segment eine Art neuer Lieferservice für den Business-Bereich darstellte. Das Konzept versprach also wiederum großen Erfolg und dieses Versprechen löste sich früher oder später auch ein. Auf der anderen Seite aber war diese innovative Geschäftsidee aus der blanken Not heraus entstanden und lediglich für eine gewisse Zeit mein Rettungsanker in den tiefen Abgründen meiner Seele.

Die anderen machen das schon …

Wer also glaubt, dass sich nun alles zum Besseren änderte, ist auf dem Holzweg. Unternehmer müssen Entscheidungen treffen, aber nicht nur das – sie müssen auch handeln und dafür die Verantwortung tragen. Wenn sie einen Fehler machen, müssen sie dafür geradestehen. Und genau hier hakte es bei mir!

Ich hatte noch immer Angst, Fehler zu machen, zu versagen, den Karren vor die Wand zu fahren. Jedoch: Entscheidungen zu treffen und entsprechend zu handeln, das waren zwei verschiedene Paar Schuhe für mich. Die Folge war, dass ich die anderen handeln ließ. Mein Gedanke dahinter war ganz einfach: Wenn ich nicht handele, trage ich auch keine Verantwortung.

Ich saß also in meiner Komfortzone und schaute zu, wie die anderen Geschäftsführer agierten. Die jedoch waren dieses Spiel verständlicherweise irgendwann leid – und gingen. Einige von ihnen führten bald ihren eigenen Lieferservice, sie hatten schließlich gelernt, wie es funktioniert. Es war im Laufe der Jahre ein munteres Kommen und Gehen von Managern und Geschäftsführern. So allerdings entsteht kein Team, nicht einmal ein Teamgedanke.

Der Trainer einer Fußballmannschaft muss die Mannschaft aufstellen und sagen, wo es langgeht. Wenn er jedoch glaubt, die volle Verantwortung an den Kapitän abgeben zu können, weil er fürchtet, dass seine Aufstellung womöglich mies ist, verliert er zunächst seine Autorität und dann bald auch seinen Job. Dass auch der Kapitän schnell keine Lust hat, seinen Kopf für den Trainer hinzuhalten, dürfte ebenfalls klar sein.

Geben und Nehmen

Niemand geht wirklich ganz allein über die Ziellinie: So wie der Sportler einen Trainer hat, der ihn unterstützt und voranbringt, hat auch der Unternehmer Geschäftspartner an seiner Seite, ohne die der Erfolg der Firma nicht denkbar wäre – nicht zu vergessen die Lebenspartner und die Freunde, die ihm zur Seite stehen und ihm den Rücken freihalten.

Nun wäre es allerdings eine Illusion, zu denken, dass Hilfe von außen sozusagen unerschöpflich ist. Sie stößt nämlich dann an ihre Grenzen, wenn der andere den Eindruck hat, dass er mehr gibt, als er zurückbekommt. Ist das Verhältnis von Geben und Nehmen nicht mehr im Gleichgewicht, wird es problematisch. Ich habe das am eigenen Leib erfahren, weil ich nicht vollständig in meine Eigenverantwortung gegangen war.

Es geht hier also nicht darum, das Verhalten der anderen zu verurteilen. Jeder kennt das schließlich aus seiner eigenen Erfahrung: Wenn man das Gefühl hat, zu geben, ohne etwas dafür zurückzubekommen, überdenkt man sein Verhalten und geht irgendwann auf Distanz zu dem anderen, wenn sich dieses Missverhältnis nicht ändert. Das ist ganz menschlich. Was ich also deutlich machen will, ist, dass Erwartungen an andere keine Größe sind, auf deren Erfüllung man dauerhaft bauen kann oder sollte.

Fakt ist: Ohne meine Geschäftspartner oder meine damalige Frau wäre ich nicht der, der ich heute bin. Das steht felsenfest. Zwar braucht man klare Ziele, eine gute Strategie und einen starken Willen, um Erfolg zu haben, aber ohne Unterstützung von außen geht gar nichts. Jedoch darf man nicht vergessen, dass die Hilfe und Unterstützung, die man erfährt, nicht auf purer Selbstlosigkeit beruht. Vielmehr baut sie darauf auf, dass etwas von einem zurückkommt, von dem auch sie profitieren. Bist du aber nicht willens oder in der Lage, etwas zurückzugeben, darfst du dich nicht wundern, wenn du deinen Weg irgendwann allein beschreitest. Die Bereitschaft, etwas zu geben, versiegt dann, wenn das Gefühl vorherrscht, zu wenig zurückzubekommen.

Als ich 2016 zusammenbrach und in eine große, ja existenzielle Krise geriet, war ich voller Zweifel, ob mein Umfeld noch zu mir halten würde. Diese Ängste und

Zweifel wuchsen, selbst wenn sie vermutlich grundlos waren. Am Ende führten sie aber zu dem, was man eine „self-fulfilling prophecy" nennt – das, was man fürchtet, tritt ein und bewahrheitet sich und zwar in erster Linie deshalb, weil man es mit seinem Verhalten selbst herausfordert. Und genau so war es bei mir: Bekannte und sogar manche Freunde gingen mehr und mehr auf Distanz, die Kommunikation veränderte sich, der Ton, mit dem wir miteinander sprachen, wurde anders, und sie ließen sich immer seltener blicken.

Natürlich: Ich war nicht mehr der starke Mann, an dem alles abprallt, der wie eine Eiche im Sturm stand – unverrückbar und unverwundbar. Schon in der Kindheit war das schließlich mein Prinzip gewesen: keine Schwächen zeigen, sich durchbeißen, durchhalten. Als Unternehmer sind das hervorragende und unverzichtbare Eigenschaften. Jetzt aber war ich verwundbar, jetzt lag ich im Krankenhaus und meine Schwächen waren offenkundig und schwerlich zu übersehen.

Das überforderte mein Umfeld, beruflich wie privat. Ein ganz neues Bild zeigte sich ihnen, ein Bild, das alles andere als deckungsgleich zu dem Gewohnten war. Ich war für sie nicht mehr derjenige, den sie kannten, ich war keine verlässliche Größe mehr. Jetzt war ich eine *Blackbox*, ein Unsicherheitsfaktor. Dass ich noch immer derselbe war, wusste im Prinzip nur ich selbst. Bloß hatte sich das Innere gewissermaßen nach außen gestülpt und war sichtbar geworden. Das Chaos in mir drin lag offen da, vorher hatte ich es erfolgreich verborgen. Das ließ viele aus meinem Umfeld ratlos zurück – und sie gingen auf Sicherheitsabstand.

Ganz neu war mir das im Übrigen nicht: Als ich 2006 mehrere Wochen in psychiatrischer Behandlung war, stellte sich alsbald die Frage der Finanzierung. Meine Krankenkasse wollte die Kosten der Behandlung nämlich nicht übernehmen, und ich selbst konnte sie mir zum damaligen Zeitpunkt nicht leisten. Niemand war in der Lage oder bereit, mir das nötige Geld zu leihen. Hilfe kam am Ende von ganz unerwarteter Seite: Es war die Klinik, die mir ein Darlehen gab, mit dem ich die Behandlung, auf die ich angewiesen war, finanzieren konnte.

Um es nochmals zu sagen: Dies ist keine Anklage, kein Vorwurf, und ich möchte auch kein trauriges Lied anstimmen auf die Illoyalität der Geschäftspartner und Freunde. Vielmehr ist es mir wichtig klarzumachen, dass man sich stets auf sich selbst besinnen muss, auf das, was man ist, auf seine Stärken – und auf seine Schwächen.

Erfolg kommt immer von innen nach außen. Spielt das Innere verrückt, tut es irgendwann auch das Außen. Ist das Innere im Gleichgewicht, dann wirkt sich dies auch auf das Außen aus und auf die Balance des Lebens – und somit auf die Ausgewogenheit von Nehmen und Geben.

Von innen nach außen

Wenn Erfolg bei dir ausschließlich von außen kommt, während du selbst verkümmerst, hast du früher oder später ein Problem. Ich bin mit meiner eigenen Geschichte das beste Beispiel!

Als ich vor ein paar Jahren am Ziel meiner Träume war, mit dem unternehmerischen Erfolg, für den ich jahrelang hart gearbeitet hatte, und der Schritt über die Ziellinie sich aber so anfühlte, als ob ich völlig leer war, unglücklich und ausgebrannt, da hatte ich noch nicht die leiseste Ahnung, woran das lag. Tatsache aber war, dass ich alles andere als wie ein Sieger aussah, als ich endlich jene Ziellinie überschritt – keine Jubelposen, keine Siegesfeier. Im Gegenteil: Ich fühlte mich wie ein Verlierer!

Der wahre Erfolg verläuft nach einem bestimmten Muster, einer Reihenfolge, von der ich damals nichts wusste. Vieles wäre mir ganz sicher erspart geblieben, wenn ich mich an dieses Muster aus drei Stufen – Sein, Tun, Haben – gehalten hätte:

1. Zunächst musst du etwas **sein**. Das bedeutet: Du musst wissen, wer du bist und was du kannst. Ich möchte es „Seelenaufgabe" nennen – das also, was dich wirklich in deinem Innersten antreibt.
2. Erst dann kommt das **Tun**, indem du deine unternehmerischen *Skills*, deine Talente und deine Energie in vollem Umfang einsetzt.
3. Stellt sich der unternehmerische Erfolg schließlich ein, stellt sich auch das **Haben** ein.

Mein Fehler war es, dass ich übersah, wie entscheidend die erste Stufe war, das **Sein**. Ich wollte **handeln** und **haben**, und habe dabei mich selbst, meine Werte und Überzeugungen, völlig vernachlässigt. Ich war dem Irrglauben aufgesessen, über die Kontrolle des Außen, meines Berufslebens, auch die Kontrolle über das Innen, über mich selbst, meine Gefühle, meine innere Einstellung zu erlangen. Ich hatte geglaubt, meine Zweifel und mein mangelndes Selbstbewusstsein über den Erfolg als Unternehmer überdecken zu können. Das aber funktioniert so nicht, das habe ich spät und sehr schmerzhaft erfahren.

Ich hatte nicht darauf gehört, was mir meine innere Stimme sagt, ja wusste nicht einmal, wie sie klingt und auch nicht, wer ich wirklich bin und was mich antreibt. Ich wollte den Erfolg, und ich nahm den nächstliegenden Weg, nämlich den Weg über die Gastronomie, denn damit kannte ich mich aus. Meine echte Leidenschaft aber lag ganz woanders. Dazu später mehr.

Fakt ist: Wer genau *das* macht, was ihm wirklich entspricht und was ihn antreibt, braucht keinen Applaus. Er weiß, was er will und was er kann, Zuspruch von außen ist schön, aber nicht notwendig, um morgens aufzustehen und den Tag zu beginnen. Bei mir jedoch lag die Sache völlig anders: Ich brauchte den Erfolg und den Zuspruch wie die Luft zum Atmen, ich wollte den Applaus hören. Und wenn jemand im Publikum nicht klatschte, hörte ich es sofort heraus.

Der Sinkflug, der ab jenem Sonntagmorgen unumkehrbar war, kam schließlich nicht nur völlig überraschend, sondern geschah in einem Ausmaß, das nicht nur mich überforderte. Die Leere in mir war so gigantisch, dass ich ihr nichts entgegenzusetzen hatte. Die Folgen waren verheerend, für mich wie auch für mein Unternehmen: Ich blieb zu Hause, lag geradezu apathisch im Bett, ich rauchte wie ein Schlot, begann exzessiv Alkohol zu trinken und war für nichts mehr zu gebrauchen und für niemanden wirklich ansprechbar. Beruhigungstropfen trank ich geradezu, statt sie wohldosiert zu mir zu nehmen. Meine Firma vernachlässigte ich mehr und mehr, wichtige Geschäftstermine nahm ich kaum noch wahr. Manchmal verbrachte ich mehrere Tage am Stück im Bett, meine Familie konnte nicht mehr auf mich zählen, ich war wie gelähmt, in Schockstarre. Was soll ich sagen: Ich war eine Zumutung. Ich war am Ende.

Das Ganze zog sich über mehrere Monate, bis ich 2016 wieder in die Psychiatrie eines Krankenhauses kam. Hier aber fühlte ich mich in jeder Hinsicht unwohl und fehl am Platze, so dass ich mich nach wenigen Tagen wieder selbst entließ. Aber ich musste etwas unternehmen, wollte ich den Karren nicht völlig an die Wand fahren. Ich brauchte professionelle Hilfe, und ich bekam sie: Ich fand einen weiblichen Coach, bei dem ich mich sofort gut aufgehoben fühlte. Sie erkannte, dass mein Innen, mein Sein, nicht mit dem Außen korrespondierte, was mir bisher einfach nicht bewusst war, mich dafür aber umso kränker gemacht hatte.

Das Erste, was sie veranlasste, war, mir und meinem Leben, meinem Alltag, eine Struktur und Routine zu geben. Sie machte mir klar, wie wichtig Gewohnheiten sind, und wenn es auch zunächst die banalsten waren, wie etwa das morgendliche Bettenmachen. Erst wenn es im Alltag Gewohnheiten, Routinen und Strukturen gibt, habe ich eine Basis für mein Leben. Dann greifen alle Bereiche wie Zahnräder ineinander; dreht sich das eine nicht, funktioniert auch das nächste nicht. Wie all diese Zahnräder einander bedingen, wie sie funktionieren und zum Drehen kommen, auch davon handelt dieses Buch.

1 | Dein Weg nach innen

„Erkenne dich selbst – sonst erkennt dich keiner!“

Kemal Üres

Ich wusste, wie man erfolgreich ein Unternehmen führt, ich wusste, wie man sich gut verkauft und ich wusste, was die anderen von mir erwarten. Bloß von mir selbst wusste ich lange Zeit so gut wie nichts, weil ich mir nie wirklich nahe war.

Meine Aufmerksamkeit war stets nach außen gerichtet, auf die Außenwelt und die anderen, um deren Ansprüchen gerecht zu werden, ohne zu fragen, was ich selbst eigentlich möchte oder brauche. Ich hatte nie gelernt, mich und meine eigenen wahren Bedürfnisse in den Fokus zu stellen. Ich gönnte mir zwar einen hohen Lebensstandard mit oberflächlichen Annehmlichkeiten, aber blendete mein tiefstes Inneres komplett aus. Obwohl ich nach außen hin funktionierte, blutete ich innerlich irgendwann aus. Die einzige Möglichkeit, voll in meine Kraft zu kommen, war, mich endlich mir selbst zuzuwenden und herauszufinden, wer ich eigentlich bin. Erst wenn wir uns selbst kennenlernen, zu unserem Innersten vordringen, es entschlüsseln, können wir ein Fundament bauen, auf dem wir unsere ganze Persönlichkeit frei entfalten und entwickeln können.

1.1 Dein Kern: das Selbst

„Von allen möglichen Kenntnissen ist die weiseste und nützlichste die Selbstkenntnis" – so hat es auch Shakespeare ausgedrückt.

Wer also verbirgt sich eigentlich hinter meiner Fassade? Wer bin ich ohne meine Gedanken, die mir über mich allzu oft das Gegenteil von dem einflüstern, was mich im Kern ausmacht? Überlagert wird dieser Kern von unserem Ego, das zwar seine Berechtigung hat, weil es uns vor unliebsamen Erfahrungen bewahren will. Doch je schmerzhafter diese in der Vergangenheit waren, desto größer ist unser beschützendes Ego. Dennoch sehnt es sich nach Anerkennung und Liebe. Es möchte gefallen und beeindrucken oder sich auf eine andere Art behaupten, um gesehen und gewürdigt zu werden. Deshalb spielen die meisten von uns nach außen hin oft eine Rolle.

Und so können auch Beziehungen ein Ersatz für die fehlende Selbstliebe sein. Sie führen dann nicht selten in eine Sackgasse oder sind nur von kurzer Dauer. Denn das Problem hierbei ist, dass wir all das Wesentliche verkümmern lassen, was uns einzigartig macht: unser Selbst. Wir zwingen uns unbewusst in eine Art Schutzausrüstung, die uns zwar nach außen hin scheinbar unangreifbarer macht, aber dem inneren Wesen keinen Raum lässt, um sich echt zu zeigen und wirklich authentisch zu leben. Wer sein wahres Selbst leugnet und nicht liebt, wird nie sein Glück finden und auch keinen nachhaltigen Erfolg haben.

> **Merke:**
>
> *Auch wenn du dich selbst nicht gefunden hast, kannst du natürlich trotzdem erfolgreich sein und in einer Richtung schnell vorankommen. Allerdings kann es sein, dass die Richtung eine vollkommen falsche ist. Und je später dir dies bewusst wird, desto schmerzhafter wird diese Erkenntnis sein.*

Wer bist du wirklich?

Statt sich also nach Vorstellungen oder Ansprüchen anderer zu richten, ist es viel wichtiger, den eigenen zu entsprechen. Je länger wir unsere Schweinwerfer nach außen richten, desto größer ist die Gefahr, dass wir auch die Bedürfnisse und Wünsche unseres Umfeldes mit den eigenen verwechseln: Wir können dann gar nicht mehr trennen zwischen Außenwelt und unserem Selbst, weil beides schon zu stark miteinander verstrickt ist.

Der Weg zum Glück und zur Zufriedenheit kann daher nur über den Weg der Selbsterkenntnis führen, nicht über die Außenwelt und die Erfüllung ihrer Erwartungen. Ich verspreche dir, es lohnt sich, dich selbst zu entdecken, dein Ego hinter dir zu lassen und zu erforschen, wer du genau bist und was dich ausmacht. Authentisch bist du nur, wenn du dir selbst treu bist und nicht allein der Außenwelt. Denn das kann eine sehr zweifelhafte, weil einseitige Treue sein: Sobald du nicht so funktionierst, wie sich andere in deinem Umfeld das vorstellen, kann es von ihrer Seite schnell aus und vorbei sein mit der Loyalität. Und dann wirst du unweigerlich auf dich selbst zurückgeworfen, wo eigentlich gar nichts mehr ist. Denn womöglich warst du es dir nie richtig wert zu erkennen, wie viel größer dein Wesenskern ist als dein Ego, das in sich zusammenfällt, sobald der Beifall im Außen ausbleibt. Sei also bereit, die Essenz dessen, was du wirklich bist, genau anzusehen und zu leben!

Wachse an dir selbst!

Um dich selbst zu erkennen, brauchst du Mut und Ehrlichkeit. Nur so schaffst du es, dir neben deinen Sonnen- auch deine Schattenseiten genau anzusehen. Und das ist wichtig. Um deine eigenen unliebsamen Eigenheiten abzulegen, musst du dir diese erst einmal eingestehen. Und genau dafür bedarf es einer gehörigen Portion Aufrichtigkeit. Sonst hat es wenig Sinn, den Weg der Selbsterkenntnis zu beschreiten.

Auch braucht es Geduld. Selbsterkenntnis ist kein Prozess, der nach ein paar Wochen abgeschlossen ist, sie ist vielmehr ein lebenslanger Weg, der Mühe und Zeit erfordert. Aber gleichzeitig ist es eine der spannendsten Entdeckungsreisen überhaupt und auch wenn wir uns befreien sollten von Bestätigung aus unserem Umfeld, können Weggefährten ein nützlicher Spiegel sein, unsere individuelle Persönlichkeit zu betrachten.

Zwischenmenschliche Beziehungen, sowohl Liebesbeziehungen als auch Freundschaften, können sehr hilfreich sein, dich selbst, dein Denken und Handeln besser zu verstehen.

Folgende Leitfragen möchte ich dir dafür nahelegen:

1. *Wer bist du derzeit?*
   Schreibe auf, was dir zu dir selbst einfällt. Lass dir Zeit und frage hierzu auch gerne Menschen, von denen du glaubst, dass sie dich gut kennen und einschätzen können. Dabei wirst du auch erkennen, wie dich dein Umfeld wahrnimmt. Möglicherweise gibt es hier übrigens manche Überraschungen.

2. *Wer möchte ich in Zukunft sein?*
   Halte auch das schriftlich fest. Zeichne dafür auf einem Blatt Papier eine horizontale Linie auf, diese stellt dein Leben dar. In der Mitte markierst du einen Punkt, dieser hält den gegenwärtigen Zeitpunkt fest, links davon steht die Vergangenheit, rechts von dem Punkt liegt die Zukunft. Schau so in deine Vergangenheit: Notiere hier wichtige, einschneidende, prägende Erlebnisse, Dinge, die dich und dein Sein beeinflusst haben. Anschließend nimmst du dir die Linie rechts von der Markierung vor: die Zukunft. Schreibe auf, welche Ziele du hast, was du erreichen möchtest.

3. *Wie kann ich zu dieser Person werden, die ich im Kern bin und auch im Außen sein möchte?*
   Notiere, was dir hierzu in den Sinn kommt. Schaue dir schließlich die Linie und deine Aufzeichnungen dazu an: Was gedenkst du zu tun, um das, was du dir wünschst und was du an Zielen hast, zu verwirklichen? Wie könnte ein entsprechender Weg aussehen, der zu dir passt? Was musst du tun, was musst du ablegen? Welche Eigenschaften, Überzeugungen, Glaubenssätze solltest du über Bord werfen?

Gefühle als Wegweiser

Mit den Antworten auf all diese Fragen kommst du deinem Kern schon ein großes Stück näher. Und doch braucht es Ausdauer und Entschlusskraft, um die Reise ins Innere stetig fortzuführen. Elementar ist dabei deine Bereitschaft, nicht nur dir selbst wirklich begegnen zu wollen, sondern auch zu lernen, dich und deine Gefühle bewusst wahrzunehmen und zu reflektieren. Mir persönlich hat es enorm geholfen, ein Gefühlstagebuch zu führen. Am Anfang war es für mich gar nicht einfach, meine Empfindungen zu Papier zu bringen und einen passenden Ausdruck dafür zu finden. Aber je konsequenter ich dies tat, desto mehr Übung bekam ich. Und ich spürte, wie es mich voranbrachte und mir diese Struktur mehr und mehr Halt bot. Noch heute gehört das sogenannte *Journaling* zu meinen alltäglichen Routinen.

Reflexion

Wenn auch du die Erfahrung machen möchtest, wie kraftvoll es ist, regelmäßig seine Gedanken und Gefühle schriftlich festzuhalten, führe jeden Morgen oder jeden Abend ein Journal. Dafür legst du eine Art Tagebuch an oder führst handschriftlich einen Kalender, in den du täglich einträgst, was dich im Innersten bewegt. Durch dieses Ritual schenkst du dir die Zuwendung, nach der sich dein Ego womöglich lange gesehnt hat.

Frage dich, welche Gefühle wiederholen sich im Alltag am häufigsten? Woran liegt das? Gibt es ein typisches Muster, gibt es Automatismen, die in dir immer wieder bestimmte Gefühle provozieren? Willst du sie noch verstärken oder eher reduzieren – oder gar ganz ablegen?

Ebenso kannst du die schriftlichen Übungen aus diesem Buch in dein Journaling integrieren und gerne mit den Antworten auf die oben genannten Leitfragen starten.

1.2 Gedanken und Glaubenssätze

Wie du vielleicht schon einmal gehört hast, hat jeder von uns ureigene Glaubenssätze. Diese lenken unsere Gedanken und Gefühle aus der Tiefe unseres Unterbewusstseins heraus. Glaubenssätze können sowohl positiv als auch negativ sein, haben aber allesamt gemeinsam, dass sie uns in frühester Kindheit von unserem direkten Umfeld eingeflüstert oder vorgelebt worden sind. Wir stellen sie gar nicht erst infrage, weil wir sozusagen auf Autopilot laufen und keine andere Wahrheit kennen. Und so ist es nicht verwunderlich, dass sie einen immensen Einfluss auf unser ganzes Leben haben und dies nicht selten massiv einschränken, wenn wir uns die negativen Vorurteile über uns selbst nicht bewusst machen. Ein weit verbreiteter Glaubenssatz etwa lautet: „Ich bin nicht gut genug."

Diese vermeintliche Wahrheit hat auch mich lange Zeit begleitet. Als Kind habe ich nicht nur in besagten zwei Welten gelebt, sondern mich für meine herkömmliche geschämt. Ich war das Migrantenkind, das in der Schule nicht richtig dazugehörte, und auch sonst empfand ich mich als totale Niete. Wenn die Lehrer im Unterricht etwas gefragt haben, hätte ich mich tatsächlich am liebsten versteckt. Und wenn ich trotzdem aufgefordert wurde, etwas zu sagen, wurde ich rot. Auch im Sport galt ich als das, was man wohl talentfrei nennt. Weder fand man mich auf dem Fußballplatz noch im Freibad, weil ich pummelig und damit ebenfalls nicht gut genug war, um mit den anderen mithalten zu können oder es nur zu wollen. Es hatte ja eh keinen Sinn, denn das mangelhafte Selbstbild, das ich von mir hatte, schien sich regelmäßig in dem widerzuspiegeln, was ich erlebte bzw. in dem, was ich versuchte zu vermeiden. Dieses lähmende Gefühl der Unzulänglichkeit und die Scham für mein ganzes Dasein waren kaum zu ertragen und wurden mit jedem Lebensalter schlimmer und schlimmer.

Genau aus diesem chronischen Unwohlsein erwuchs irgendwann ein extrem starker Druck, der in mir den festen Willen entfacht hat, mir endlich die Anerkennung zu verdienen, die ich so dringend brauchte – und zwar durch Leistung, wie ich eingangs beschrieben habe. Ich ging also nach Hamburg, um mein Leben in der Kleinstadt hinter mir zu lassen und ganz von vorne anzufangen. Ich stürzte mich in die Arbeit und die ersten Erfolge schienen mir recht zu geben, weil ich beweisen konnte, doch für etwas gut zu sein. Das Problem, das zu meinem Zusammenbruch führte, war jedoch, dass ich damit lediglich versucht habe, das quälende Symptom zu bekämpfen, statt wirklich die Ursache meines Mangelgefühls anzugehen. Und so schleppte ich die Sucht nach Anerkennung immer weiter mit mir herum, die wie ein gefräßiges Monster nie wirklich satt wurde, sondern immer hungriger. Ich war schließlich so sehr getrieben von dem Drang, das schlechte Gefühl loswerden zu wollen, dass sich mit dem Erfolg keine Besserung einstellte, sondern im Gegenteil eine tiefe Depression. Ich hatte mein Ziel im Außen für alle sichtbar erreicht, aber in meinem Inneren hatte ich mich selbst verraten und war auf einem Weg, der nicht der meine war.

Rückblickend weiß ich, dass man Glaubenssätze etwa mit einer Software vergleichen kann. Solange diese immer gleich ist, bleibt auch die innere Programmierung unverändert. Unsere Gedanken hingegen sind der Arbeitsspeicher, der tagtäglich im Einsatz ist, um unser Programm auszuführen. Weil Glaubenssätze also sehr viel tiefer verankert sind als unsere Gedanken, kann es hilfreich sein, letztere zuerst anzusehen oder gar zu verändern. Aus diesem Grund war die kognitive Verhaltenstherapie eine gewisse Zeit mein Rettungsring, um nicht vollständig unterzugehen. Diese hat mich gelehrt, dass ich Dinge im Außen vielleicht nicht ändern kann, wohl aber meine Gedanken dazu, die wiederum unmittelbar meine Gefühle beeinflussen, was besonders bei Depressionen genauso lindernd wie etwa Sport sein kann. Der Mensch denkt ca. 60 000 bis 70 000 Gedanken pro Tag, 70 % davon sind eher flüchtig, 27 % negativ und lediglich 3 % positiv, aufbauend oder kreativ. Diese Zahlen zeigen deutlich, wie viel ungenutztes Potenzial in jedem von uns schlummert und wie viel sinnvoller es wäre, Gedanken so oft es geht bewusst wahrzunehmen, um gute statt schlechte Gefühle zu erzeugen und entsprechend danach zu handeln. Durch die kognitive Verhaltenstherapie habe ich gelernt, achtsamer mir selbst gegenüber und somit wieder lebens- und arbeitsfähig zu sein. So konnte ich endlich meine inneren Aggressionen abbauen und zum Beispiel offener auf meine Mitarbeiter zugehen, was dazu führte, mich selbst auch mehr zu mögen, weil ich mich nicht länger für mein Verhalten verurteilt habe.

Auch du solltest deine negativen Gedanken nicht verurteilen bzw. dich selbst nicht dafür verurteilen, dass du sie hast. Sie haben schließlich alle einen Ursprung, den du dir nicht bewusst ausgesucht hast. Sicher hast auch du in deiner Kindheit oder auch später Erfahrungen gemacht, die sich in deinem Unterbewusstsein fest verankert haben und dich daran hindern, dein Potenzial voll zu leben. Es gilt, genau dorthin zu blicken und diese erst einmal liebevoll anzunehmen.

> **Merke:**
>
> *Manche Glaubenssätze und die daraus resultierenden Gedanken, wie etwa „Ich bin nichts wert", „Ich kann nichts" oder „Ich muss mir mein Glück verdienen", sitzen so tief, dass sie nur dann in die Heilung gehen können, wenn wir die konkreten Begebenheiten, in denen sie entstanden sind, bewusst würdigen und verabschieden. Therapeuten oder auch Coaches, die innere Konflikte lösen, können dabei eine Hilfe sein, indem sie ihre Klienten in genau eine solche Situation zurückführen und diese erneut intensiv fühlen lassen. Wenn ein Elternteil etwa behauptet hat, das Kind sei ein Versager, gilt es, die Mutter oder den Vater gedanklich damit zu konfrontieren, sich noch einmal in den Schmerz zu begeben, den diese prägende Situation ausgelöst hat, und das Elternteil zu bitten, sich zu entschuldigen oder diese, vielleicht nur unbedachte, Äußerung wieder zurückzunehmen.*

Eine solche Selbstfürsorge gegenüber deinem inneren Kind und auch Achtsamkeit gegenüber deinen Gedanken und den körperlichen Empfindungen, die daraus manchmal sogar resultieren, sind also elementar, um eine Wandlung von negativen zu positiven Mustern in Gang zu setzen. Auch bei scheinbar banaleren Glaubenssätzen liegt der Schlüssel zum inneren Frieden darin, sie erst einmal wahrzunehmen und anzunehmen. Frage dich dafür beispielsweise: Was stört mich im Alltag immer und immer wieder? Welche Gefühle kommen regelmäßig in mir hoch und welche Gedanken gehen diesen voraus? Was genau möchte ich weghaben? Worin vergleiche ich mich ständig mit anderen? Wann bin ich schnell verletzbar oder fällt es mir besonders schwer, Komplimente anzunehmen?

Ich zum Beispiel habe es lange Zeit vermieden, mich in Gruppen zu treffen, weil ich den Vergleich untereinander gescheut habe. Und niemals hätte der kleine Junge in mir, der in der Schule vollkommen eingeschüchtert war, jemals freiwillig eine Bühne betreten. Heute, nachdem ich viele meiner tiefsitzenden Glaubenssätze erkannt und transformiert habe, schaffe ich es, trotz Lampenfieber, Vorträge vor 2000 Menschen zu halten und vor großen Gruppen über meine persönlichsten Themen zu sprechen. Schon eine gute Erfahrung kann ausreichen, eine falsche Überzeugung innerlich zu widerlegen. Sie schlummern dann vielleicht noch irgendwo in dir, werden aber immer leiser und dominieren nicht mehr dein Leben.

Wie intensiv Glaubenssätze wirken können, zeigt sich anschaulich an der Geschichte von dem kleinen Elefanten, der in seinen ersten Lebenswochen an einen Pfahl gekettet ist. Er macht die frühe Erfahrung, dass er nicht wegkommt und diese brennt sich so tief in sein Gedächtnis ein, dass er die Annahme dahinter, er sei zu schwach, um sich zu befreien, nicht hinterfragt. Und so kommt es, dass er später, als ausgewachsener tonnenschwerer Elefant, gar nicht erst versucht, sich von seinem kleinen Pfahl und damit aus seiner Gefangenschaft zu befreien, obwohl er in Wahrheit die Kraft hätte, ganze Bäume auszureißen.

Fazit:

Du kannst erst authentisch dein volles Potenzial leben, wenn du dich nicht mehr von falschen Glaubenssätzen leiten lässt. Wenn es dir gelingt, deine alten Rollen aufzugeben, die du dein ganzes Leben lang gespielt hast, kannst du endlich zu dir stehen und mehr Frieden, Harmonie und Freude genießen.

Reflexion

Eine nachhaltig erfolgreiche Transformation deiner Glaubenssätze erreichst du in drei Schritten:

1. *Erkenne und notiere deine Glaubenssätze:*
   Ergründe dafür deine wiederkehrenden Gedanken und Gefühle und forsche auch nach Überzeugungen in dir, bei denen du zu Verallgemeinerungen oder Übertreibungen neigst. (Beispiele: „Man kann niemandem trauen", „Im Leben wird einem nichts geschenkt", „Liebe macht blind" usw.)

2. *Überprüfe deine Glaubenssätze:*
   Das Leben und auch du sind ständig Veränderungen unterworfen. Annahmen über dich selbst können bereits seit Jahrzehnten bestehen und trotzdem grundfalsch sein. Sammele Beweise, die dir bewusst machen, dass sich deine negativen Annahmen über dich selbst längst überholt haben und/oder du inzwischen deine Fähigkeiten weiterentwickelt und Erfahrungen in der Vergangenheit gemacht hast, die deine Glaubenssätze widerlegen.

3. *Überschreibe deine Glaubenssätze:*
   Priorisiere deine falschen Überzeugungen danach, wie sehr sie dir und deinem Glück im Weg stehen und finde für jene, die dich am meisten einschränken, eine positive Entsprechung. Notiere z. B. den Glaubenssatz „Das Leben ist schwer" und ändere ihn in „Das Leben ist leicht" und sammele jeden Tag bewusst so viele und so lange Beweise dafür, bis du spürst, dass dir die neue Wahrheit in Fleisch und Blut übergegangen ist. Dann widme dich dem nächsten deiner unwahren Glaubenssätze und wiederhole das Prozedere.

1.3 Werte

Als ich mehr und mehr den Weg der Selbsterkenntnis für mich entdeckt hatte, fragte ich mich immer öfter, was ich mir eigentlich wirklich für mein Leben wünsche. Denn so konnte und wollte ich nicht weitermachen. Nach all den Tiefs, die ich durchlitten hatte und die ich meinem ärgsten Feind nicht wünsche, sehnte ich mich nach etwas, das mir nachhaltig Kraft gab. Denn ich selbst hatte keine mehr. All die schmerzhaften Erlebnisse hatten ihre Spuren hinterlassen. Ich war müde – müde, immer wieder gegen mich selbst zu kämpfen.

Es war also enorm wichtig für mich, zu wissen, was ich mir für meine Zukunft eigentlich vorstelle. Zudem war eine meiner härtesten Lektionen gewesen, zu erkennen, dass viele meiner Probleme darauf beruhten, mich selbst zu wenig zu kennen. Ja, ich fühlte mich wie ein Kind, das das Laufen erst lernen muss: Ich war ein Unternehmer, eine Führungskraft mit fast 100 Mitarbeitern und hatte keine Idee, wo ich mich selbst hinführen sollte. So viel ich im Außen auch erreicht hatte über all die Jahre, so wenig hatte ich innerlich zu bieten. Es war in mir nichts vorhanden – um es unternehmerisch auszudrücken: Meine persönliche Bilanz war schlimmer als eine Insolvenz, denn für eine solche muss man erst einmal etwas aufgebaut haben.

Und so hat auch meine Coachin sehr richtig und schnell erkannt, dass meine innere Welt nicht mit meinem äußeren Leben übereinstimmte. Sie hat mir klargemacht, wie elementar es für das persönliche Glück ist, nach seinen individuellen Werten zu leben, was bewies, wie wenig bewusst ich mir selbst gegenüber bis dahin gewesen war. „Wir finden heraus, welche deine Werte sind“, versprach sie mir, „und wenn du gezielt dein Handeln danach ausrichtest, wirst du endlich ein stimmiges und erfülltes Leben führen!“ Und genau so kam es!

Was sind Werte?

Werte sind individuell: Was für den einen wertvoll ist, muss es nicht auch für den anderen sein. Am Beispiel Freiheit etwa zeigt es sich deutlich, dass es Menschen gibt, die in Beziehungen oder im Job viel Freiraum brauchen, um sich wohlzufühlen. Andere wiederum sehnen sich nach Geborgenheit oder Sicherheit. Werte sind also das, was dir selbst wichtig ist. Wenn du sie einmal für dich definierst, werden sie dein moralisch-ethisches Navigationsgerät, das dir hilft, die richtige Richtung zum Erfolg und zur Erfüllung zu finden. Aus deinen individuellen Werten können so stimmige Entscheidungen getroffen und Handlungsmuster entsprechend deiner inneren Motivatoren entstehen. Werte sind nicht nur durch deine persönliche Geschichte geprägt, sondern durch sie prägst du wiederum auch deine Persönlichkeit mit einem wachsenden Selbstwertgefühl, eben weil du es dir *wert* bist!

Das verdeutlicht, wie wichtig es ist, dir deine eigenen Werte bewusst zu machen. Denn wenn du deine persönlichen Prioritäten nicht kennst und dich stattdessen womöglich nach Wertvorstellungen anderer richtest, verlierst oder verrätst du dich. Über einen klaren Wertekatalog zu verfügen und danach zu leben, heißt also, ganz im Einklang mit sich selbst zu sein.

Merke:

Erkenne deinen Wert, sonst erkennt ihn keiner! Wenn du dich selbst nicht respektierst, wird es dir womöglich verwehrt, dass die Außenwelt dich so nimmt, wie du wirklich bist.

Werte im Wandel

Natürlich sind Werte, wie alles andere im Leben auch, Schwankungen unterworfen. Aber der Kern deiner ganz persönlichen Wertvorstellungen bleibt im Grunde konstant. Er ist der rote Faden, der sich durch die Veränderungen in deinem Leben zieht. Andernfalls drohst du, aus dem Affekt und damit aus einer unbewussten Emotion heraus zu handeln. Das mag sich bei so manch spontanen Bauchentscheidungen gut anfühlen. Geht es aber um Konflikte oder lediglich ein kurzfristiges Vergnügen mit Konsequenzen, kann so etwas auf Dauer sehr frustrierend sein, weil du weder für dich noch für andere eine verlässliche Größe bist.

Seit ich ganz bewusst nach meinen Werten lebe, habe ich für mich inzwischen viel mehr Klarheit und dadurch auch viel mehr Stabilität. Auch meine Beziehungen und meine unternehmerischen Handlungen haben eine ganz andere Tiefe bekommen. Selbst wenn im Außen die Dinge nicht so laufen, was immer wieder vorkommen wird, falle ich nicht gleich innerlich zusammen, sondern finde durch meine Werteausrichtung starken Halt. Genau aus dieser Kraft heraus baue ich mein Fundament stetig aus und wachse in meiner Persönlichkeit und kann anderen sogar ein inspirierendes Vorbild sein.

Es wird dich sicher nicht wundern, dass der Wert, den ich für mich persönlich als den wichtigsten definiert habe, die Selbstliebe ist. Denn die kann dir kein anderer geben. Schenke dir in erster Linie selbst die Liebe. Und das, was von außen kommt, ist einfach ein schönes Extra-Geschenk. Selbstwert und Selbstliebe aufzubauen, ist allerdings viel schwieriger als beispielweise andere meiner Werte wie Erfolg, Ästhetik, Gesundheit, Wohlstand. Du musst lernen, dir dafür sehr feinfühlig und mutig zu begegnen. Vor allem aber musst du lernen, dich anzunehmen – anzunehmen mit all deinen Schwächen und Eigenschaften, die dich ausmachen, wie ich im nächsten Kapitel erläutere. Denn diese können sehr hartnäckig sein – du brauchst daher viel Geduld und Achtsamkeit.

Fazit:

Wenn du deine Werte, Wünsche und Bedürfnisse kennst, dann nimmst du einen festen Standpunkt ein und weißt mehr, wer du wirklich bist und in welche Richtung du dich entwickeln willst. Du kannst für etwas einstehen und deine Energie in konstruktive Bahnen lenken, die deiner Lebensvision entsprechen. Dadurch lebst du nicht nur authentischer ohne irgendeine Rolle, die du spielst, sondern fühlst dich wohler und steigerst dein Selbstwertgefühl.

Reflexion der Werte

Lass dich beim Erkunden deiner Werte zunächst spielerisch leiten und notiere auf einer Liste diejenigen, die dir als erste in den Sinn kommen und dich im Herzen ansprechen. Tausche dich gerne auch mit anderen aus oder lasse dich durch Recherchen, etwa im Internet, inspirieren.

Im zweiten Schritt priorisierst du deine Stichpunkte auf der Liste, indem du jeweils ganz bewusst und tief in dich hineinspürst, welche Werte mehr mit deinem Inneren in Resonanz gehen und welche weniger.

Sammle so etwa 20 Werte, die für dich stimmig sind und sortiere nach Wichtigkeit, indem du den einen mit dem anderen Schritt für Schritt vergleichst. Dann priorisierst du so lange, bis du am Ende deine 5 Top-Werte definiert hast, wobei dein wichtigster Wert natürlich an erster Stelle stehen sollte. Die Liste mit deiner Top 5 solltest du überall präsent haben, also vor Augen haben. Somit wird es dir leichter fallen, alle deine Entscheidungen, Handlungen und Ziele deinen Werten unterzuordnen.

Halte aber immer mal wieder inne und stelle dir die Fragen wie: Führe ich ein Leben im Einklang mit meinen Werten oder gibt es Unstimmigkeiten? Wo muss ich etwas anpassen? Hat sich mein Leben so verändert, dass ich auch meine Werte anpassen, ändern oder neu priorisieren muss?

1.4 Stärken finden und leben

Jahrelang war ich in meinem Unternehmen sozusagen das Mädchen für alles. Wann immer es irgendwo brannte, war ich stets als Erster zur Stelle. Ganz gleich, wo die Flammen loderten, ob in der Buchhaltung oder bei Problemen mit Kunden – ich fühlte mich für alles zuständig. Schließlich hatte ich ein Unternehmen aufgebaut und die Verantwortung für zahlreiche Mitarbeiter. Aber irgendwann musste ich aufhören, mich um sämtliche Angelegenheiten kümmern zu wollen und ständig zu rotieren. Es war überfällig, mich auf mich selbst und auf das zu besinnen, was ich wirklich kann, also auf meine Stärken. Bis dahin aber hatte ich schlichtweg keine Zeit gehabt, das zu tun, denn ich war einfach zu beschäftigt. Dazu kam, dass ich viel zu viel Zeit und Mühe darauf verwendete, mich um meine Schwächen zu kümmern, mit denen ich haderte und die ich verbessern wollte. Das war pure Energie- und Zeitverschwendung! Erst viel später begriff ich, dass ich meine Stärken in den Vordergrund stellen muss.

Bis ich dahinterkam, wie elementar es ist, diese zu kennen und sogar zu genießen, hat es also länger gedauert, als gut war. Ich kannte die klischeehafte Frage nur aus Vorstellungsgesprächen, aber hatte mir nie wirklich Gedanken darüber gemacht, was mich eigentlich auszeichnet. Erst als ich eines Tages im Rahmen eines Interviews genau danach befragt wurde, wurde mir schlagartig klar, wie wenig ich mich und meinen Weg bis dorthin gewürdigt hatte. Weil ich nicht wusste, was ich auf diese Frage antworten sollte, redete ich einfach drauflos und haute das raus, was mir spontan in den Sinn kam. Ich könne ganz gut mit Menschen, behauptete ich und lächelte gewinnend. Und ja, Visionen verwirklichen, das läge wohl nahe, wenn man es schaffe, aus dem Nichts, also ohne einen Pfennig oder Investor, ein Unternehmen aufzubauen, das Millionen umsetze. Und verkaufen, ja das könne ich auch und bringe mir nach wie vor großen Spaß. Mein Interviewpartner gab mir mit seiner Antwort zu verstehen, damit wohl nicht ganz falsch zu liegen. Das fühlte sich gut an! Wieso also hatte ich es bisher vermieden, mich wirklich auf meine Talente und Fähigkeiten zu besinnen? Und warum ist es nur allzu weit verbreitet, dass wir den Fokus auf unsere Schwachstellen legen, die wir oft kaum in der Lage sind, nennenswert zu verbessern?

Ich habe inzwischen gelernt, wie prägend die Stimmen in unserer Kindheit sind, die uns umgeben und allzu oft einflüstern, was wir alles nicht können oder erst lernen müssen. Und je älter wir werden, desto größer wird auch der innere Kritiker, der dir ständig einredet, nicht gut genug zu sein, bis du genau das auch glaubst und so mehr und mehr ein verzerrtes Selbstbild entwickelst. Zudem neigen wir Menschen als soziale Wesen wohl grundsätzlich dazu, uns mit anderen zu vergleichen. Wir messen uns nur allzu gerne vor allem mit jenen, die uns in irgendeiner Form überlegen oder voraus sind und lenken damit direkt den Fokus auf das, was wir nicht können oder erreicht haben. Manchmal ist das Gefühl, unzulänglich zu sein, dann so stark, dass wir es unbedingt weghaben wollen und bereit sind, viel zu viel dafür zu tun, nicht mehr darunter leiden zu müssen. Geht es dabei allerdings um Schwächen, die wir nicht einfach so wegzaubern können, verstärkt sich das Gefühl der Unzulänglichkeit und der Frust wird größer und größer. Spätestens dann wäre es ratsam, diesen vielleicht ja auch nur vermeintlichen Schwachpunkt zu akzeptieren und seinen Fokus auf Vorzüge zu lenken, die zweifelsfrei jeder von uns hat.

Auch wenn wir Angst haben, im Außen auf Ablehnung zu stoßen, wenn wir uns selbst loben oder selbstbewusst präsentieren, weil wir sonst riskieren, als arrogant oder eingebildet abgestempelt zu werden, ist dieses Umschwenken eine sehr lohnende Investition – vor allem in die Selbstzufriedenheit. Das bedeutet nicht, nie wieder selbstkritisch zu sein. Auch ich habe noch heute eine tiefe Unsicherheit in mir, die regelmäßig für mich spürbar und sogar für andere sichtbar wird. Und das ist auch gut so! Der Unterschied zu meinem früheren Ich liegt lediglich darin, dass ich meine guten und weniger guten Seiten inzwischen besser kenne, sie also bewusster wahrnehme und reflektierter und sinnvoller mit ihnen umgehe. Und das kommt natürlich auch meinem Unternehmen zugute.

Stärken stärken

Es kam immer wieder vor, dass Mitarbeiter, die ich wegen ihrer offensichtlichen Pluspunkte eingestellt hatte, schnell abbauten und ihre Stärken nicht dauerhaft nutzen konnten. Das lag unter anderem daran, dass sie über nicht ausreichend Durchhaltevermögen verfügten oder keinen Antrieb hatten, ihre Stärken auszubauen. Denn wer sich zurücklehnt und nicht an sich arbeitet, der bleibt entweder dort stehen, wo er ist, oder er treibt gar zurück und verschwindet in der Masse des Durchschnitts.

Umso wichtiger ist es, gemeinsam herauszufinden, für welche Bereiche ein Mitarbeiter besonders geeignet ist – oder eben nicht. Das ist auch bei mir so. Ja, ich kann also beispielsweise gut verkaufen – allerdings nur dann, wenn ich die Gelegenheit habe, meine Stärke, das Vertrauen eines Menschen zu gewinnen, voll ausleben kann. Bei einer Kalt-Akquise ist dies ungleich schwieriger für mich, als wenn ich direkt in einem persönlichen Gespräch auf mein Gegenüber eingehen kann. Anderen wiederum fällt genau das sehr schwer, sie sind aber womöglich voll in ihrem Element, wenn sie vollkommen fremde Personen für etwas begeistern dürfen. Es kommt auch vor, dass ich Mitarbeiter habe, deren ganzes Potenzial nicht sofort erkennbar ist, diese aber mit einer besonderen Aufgabe so über sich hinauswachsen, dass sie sogar den einen oder anderen überholen, dessen Stärken zunächst ausgeprägter waren.

Auch deine Begabung für etwas oder auch deine Leidenschaft sind wie ein Muskel. Du musst sie in Ausdauer und Stärke trainieren, um das Optimum herauszuholen, allerdings ohne dabei über deine Grenzen zu gehen. Du solltest aus deinem Sportprogramm mehr für dich rausziehen können, als du hineingibst. Pausen und Regeneration sind dabei genauso wichtig wie Phasen der Anstrengung. Kein Muskel kann wachsen, wenn der Energiehaushalt und Trainingsplan nicht stimmen. Und du musst deinen Körper ganz genau kennen, bewusst wahrnehmen, wie du dich in bestimmten Situationen fühlst. Genauso kannst du auch ein Gespür für deine mentalen Vorzüge schulen.

Meistens bemerken wir nicht einmal, dass wir etwas Bestimmtes gut können, schlicht aus dem Grund, weil es uns mit in die Wiege gelegt wurde oder einfach so zugeflogen ist. Wir denken dann, es sei doch ganz normal, sich gut ausdrücken, schnell rechnen oder entspannt auf Fremde zugehen zu können. Dabei gibt es Millionen andere, die genau das nicht können oder sich extrem schwer damit tun, dafür aber andere Qualitäten haben.

Schwächen akzeptieren

Der erste Schritt, um seine Stärken zu leben, ist also, sie zu finden, um sie im zweiten größer zu machen. Manchmal kann eine vermeintliche Schwäche auch ein Indikator für eine eigentliche Stärke sein. Neidisch etwa will keiner sein, das bedeutet aber ja nicht automatisch, dass man dem anderen seine Traumreisen oder Spitzenleistungen im Sport nicht gönnen würde. Vielmehr kann Neid auch bedeuten, dass uns der Ehrgeiz packt und wir durch den Vergleich mit Mitmenschen zu eigenen Bestleistungen inspiriert werden. Oder Ungeduld überkommt uns meistens dann, wenn wir indirekt an einem Prozess beteiligt sind, den wir selbst viel besser oder viel schneller beherrschen. Und das ist doch etwas Positives, genauso wie die grundsätzliche Tatsache, dass zum Glück alle Menschen verschieden und mit unterschiedlichen Talenten und Eigenschaften gesegnet sind. Niemand muss und sollte alles alleine können und schon gar nicht, wenn man eine Firma aufbauen und führen will. Aufgaben zu delegieren, die einem selbst nicht liegen, ist für einen Unternehmer nicht nur eine große Erleichterung, sondern für den nachhaltigen Erfolg sogar unabdingbar.

> **Merke:**
>
> *Etwa 80 % des Berufsalltags solltest du auf das verwenden, was du gut kannst. Nur so nutzt du effektiv deine Stärken und verschwendest keine Energie und Zeit damit, dich mit deinen Schwächen auseinanderzusetzen.*

Vorteile gelebter Stärken

Bevor ich diese wertvolle Erkenntnis durch einen langen, schmerzhaften Prozess gewonnen habe, war das Verhältnis zu meinen Mitarbeitern freundlich, aber recht oberflächlich. Sie kamen und gingen irgendwann wieder, und dann kam bald der Nächste. Genauso, wie ich keine echte tiefe Bindung zu mir selbst hatte, so wenig echte Bindung hatte ich nach außen. Und diese fehlende Bindung spiegelte sich dann auch in dem Verhältnis zu meinen Mitarbeitern wider und darin, wie diese zu mir und meinem Unternehmen standen.

Als ich aber endlich um meine individuellen Stärken wusste, fiel es mir zunehmend leichter, Dinge abzugeben und loszulassen. Ich fühlte mich nicht nur viel freier, ich war's auch! Durch die innere Arbeit an mir selbst konnte ich mehr und mehr mein ganzes Potenzial entfalten und an Selbstvertrauen gewinnen. Ich stand von nun an auf einem viel festeren Fundament, von dem aus ich viel klarer nach außen blicken und für mein Umfeld ungleich beständiger und verlässlicher sein kann. Meine Empathie ist ebenfalls stark gewachsen, sodass ich nicht nur meine eigenen Grenzen erkennen, sondern auch die meiner Mitarbeiter leichter respektieren kann.

Dass ich richtig lag mit meinem authentischen Weg der Selbsterkenntnis, zeigte sich zudem daran, zunehmend auch „echte" Menschen gewinnen zu können. Und diese Menschen, sie blieben bei mir und in meinem Unternehmen. Warum? Weil sie sich wohlfühlten, weil sie für das, was sie taten, die entsprechende Unterstützung und Wertschätzung erfuhren und sich mit mir und dem Unternehmen identifizierten.

Und so wuchsen eben jene echte Verbindungen, weil ich gelernt hatte, nicht nur anderen zu vertrauen und mehr zuzutrauen, sondern auch mir selbst. Und ich sparte nicht nur unendlich viel Zeit, die ich effektiver für etwas anderes nutzen konnte, sondern zog immer mehr Freude in mein Leben und das meiner Mitarbeiter. In einem funktionierenden Team zu arbeiten und Erfolge zu teilen, macht ungleich mehr Spaß und bietet eine Vielzahl an weiteren Vorteilen wie Zusammenhalt, Kollegialität und Toleranz.

Fazit:

Egal, in welchem System, sollte jeder das tun, was er am besten kann und wobei er am meisten Spaß hat. Ein Unternehmen wächst, wenn auch seine Mitarbeiter wachsen, jeder Posten ideal besetzt ist und jeder seinen Neigungen und seiner Persönlichkeit entsprechend agieren darf. Die intrinsische Motivation, sich zu engagieren, führt nicht nur zu schnelleren Ergebnissen und einer höheren Produktivität. Ein solches Modell bringt auch eine viel größere Zufriedenheit und Selbstvertrauen der Mitarbeiter und eine höhere Akzeptanz der Führungskräfte und deren Vorgaben mit sich.

Reflexion

Um dir deiner Stärken bewusst zu werden und diese voll auszuleben, beantworte folgende Leitfragen:

- *Was fällt mir besonders leicht?*
- *Was bereitet mir so viel Freude, dass ich die Zeit vergesse?*
- *Welche Herausforderungen habe ich in meiner Vergangenheit gut gemeistert?*
- *Bei welchen Themen fragen mich andere um Rat oder bitten mich um Hilfe?*
- *Welche meiner Schwächen haben durchaus positive Aspekte?*

1.5 Lebensbereiche und Ziele

Wenn du mir bis hierher gefolgt bist, wirst du nachvollziehen können, wie elementar der Weg der Selbsterkenntnis ist, um ein wirklich erfolgreiches und erfülltes Leben zu führen. Deine individuellen Glaubenssätze, Werte und Stärken zu kennen, ist sozusagen die Startbedingung auf dem Weg ins Glück. Nun gilt es, diesen Weg auch durchzuhalten, mehr noch, ihn zu genießen und dabei ganz und gar in deiner Kraft zu bleiben. Dafür musst du bereit sein, nicht nur selbstbewusst die Richtung vorzugeben, sondern auch das Tempo und die Länge einer Strecke deiner jeweiligen Tagesform und Lebensphase anzupassen. Das Credo „Schneller, höher, weiter" kann nämlich – auch beim Streben nach definierten Werten – allzu schnell nach hinten losgehen, wenn falscher Ehrgeiz den Energiehaushalt durcheinanderbringt.

Ich selbst musste bitter erfahren, wie schädlich es sein kann, wenn man sich nur auf ein Ziel fokussiert. Erfolg war mein ständiger Antreiber, der mich allerdings todtraurig gemacht und in die Depression gestürzt hat, weil ich alle anderen Lebensbereiche völlig vernachlässigt habe. Je mehr Energie ich in meine Berufung und in meine Finanzen gesteckt habe, desto weniger hatte ich übrig für die anderen Bereiche, die für ein ganzheitliches Wohlbefinden sorgen, nämlich meine Beziehungen, meine Gesundheit und meine Seele.

Heute hingegen habe ich mir ein für mich rundum stimmiges System erschaffen, mit dem es mir sehr viel einfacher gelingt, alle diese elementaren Lebensbereiche in Balance zu halten und mit meinen durch die Selbsterkenntnis definierten Werten optimal aufeinander abzustimmen. So ist es inzwischen eine bewusste und weise Entscheidung, mein Unternehmen nicht um jeden Preis wachsen zu lassen und damit auch die Verantwortung und den Druck, sondern das Wachstum in einem überschaubaren Rahmen zu halten, den ich mit meinen mir persönlich sehr wichtig gewordenen Werten – wie Ruhe finden oder Zeit für mich zu haben – im Alltag ideal vereinbaren kann. Ein größerer Freiraum, in dem ich nicht ständig unter Strom stehe, ermöglicht es mir, mich sowohl meinen Mitarbeitern als auch meinen wichtigsten Menschen im privaten Umfeld aufmerksamer zu widmen, und letztlich hilft er mir sogar, meiner Arbeit fokussierter nachzugehen.

Sein volles Potenzial zu leben heißt also, nicht ständig Vollgas oder hundert Prozent zu geben, sondern eine gesunde Mischung aller wichtigen Komponenten zu finden, die zwar mit den eigenen Werten übereinstimmen, aber diese nicht zum Selbstzweck machen. Andernfalls holen sie uns irgendwann ein – wir werden krank, einsam oder auf anderer Ebene unglücklich.

Erschaffe deine Tagesstruktur

Leider sind die individuellen Begebenheiten oft genau das, was sogar manche Erfolgscoaches nicht im Blick haben. Sie verstehen es zwar, ihre Klienten professionell anzuhalten, das Beste aus sich herauszuholen und geben ihnen vielleicht wertvolle Techniken und Tipps an die Hand, wie sie ein bestimmtes Ziel erreichen, also einen Wert voll ausleben können. Aber sie sehen oftmals den Menschen im Ganzen nicht und verkennen, wie fragil und individuell sein System eigentlich ist. Oder aber sie legen Ziele fest, die unerreichbar sind, weil sie einfach zu hochgesteckt sind oder zu weit in der Zukunft liegen. Es mag sinnvoll und wichtig sein, sich nach solchen Erfolgen auszurichten, weil es in unserer Natur liegt, nach mehr zu streben. Aber das Leben findet im Hier und Jetzt, ohne gestern und morgen, statt und sollte unbedingt den aktuellen Bedürfnissen, Alltagsumständen und Lebensphasen angepasst werden, weil wir uns sonst im wahrsten Sinne nicht mehr vergegenwärtigen können, was wir gerade wirklich brauchen. Wir dürfen also sehr wohl fokussiert unseren Weg gehen, sollten uns aber unbedingt erlauben, stetig innezuhalten, um zu überprüfen, wo wir stehen.

Um also das große Ganze auch wirklich bewältigen zu können, ist es ratsam, dich deinen Zielen in Minischritten zu nähern. Das einzige Zeitfenster, das du bewusst und kontrolliert ausgestalten kannst, ist nun mal die Gegenwart – der heutige Tag. Versuche, dieses Geschenk bestmöglich zu nutzen und deine Tagesplanung deinen Wünschen und Werten unterzuordnen. Ich selbst teile meinen Tag dafür inzwischen in drei Abschnitte ein. Natürlich ist auch mein Alltagsleben Schwankungen unterworfen und jede Phase bringt ganz eigene Notwendigkeiten mit sich, flexibel auf diese zu reagieren. Einen gewöhnlichen Tag jedoch versuche ich konsequent in folgender Struktur zu (er)leben:

In der Zeit von 7 Uhr bis 12 Uhr tue ich die Dinge, die mir Kraft geben und mich ausjustieren und starte mit meiner alltäglichen Morgenroutine. In diesen etwa 30 bis 40 Minuten nehme ich mir die Zeit fürs Meditieren und um mein Journal zu führen. Danach erledige ich Aufgaben, die eine besonders hohe Konzentration erfordern. Der Vormittag ist für mich die effektivste Zeit überhaupt, in der ich mich auch weniger angenehmen Aufgaben widmen kann wie etwa schwierige Telefonate.

Um 12 Uhr lege ich dann eine Mittagspause ein, die ich für einen Spaziergang oder auch ein kurzes Power-Napping nutze. Danach folgen wiederkehrende Standards wie Meetings, Treffen, Abstimmungen oder E-Mails, also all jene Aufgaben, die mich nicht so extrem fordern wie am Vormittag.

Und von 17 Uhr bis 23 Uhr folgt all das, was mir guttut oder mich in meiner persönlichen Entwicklung voranbringt und das wiederum inzwischen durchaus effektiv. Während ich früher beispielsweise einen fast krankhaften Ehrgeiz entwickelt habe, jedes interessante Buch von vorne bis hinten zu lesen und manche Abschnitte sogar mehrfach, wenn sie sich mir nicht sofort erschlossen, freue ich mich heute an Zusammenfassungen im Netz oder an Hörbüchern, die ich nebenbei auf dem Crosstrainer konsumieren kann.

Am Abend pflege ich außerdem meine Beziehungen und Freundschaften und widme mich meinen körperlichen Bedürfnissen durch Sport oder Wellness. Dazu gehört für mich auch, ideale Voraussetzungen für einen guten Schlaf zu schaffen, ohne den gar nichts geht. Ich versuche es daher zu vermeiden, mich innerhalb der zwei Stunden vor dem Zubettgehen auszupowern oder zu essen und nutze in der letzten Stunde auch das Handy nicht, das im Schlafzimmer ohnehin tabu ist. Dafür widme ich mich vor dem Einschlafen meinem Abendjournal, reflektiere den Tag und hake meine To-Dos ab. Dieser positive Abschluss des Tages bereitet mir nicht nur ein gutes Gefühl, sondern ist auch eine lohnende Investition in mein Selbstbewusstsein.

Es versteht sich von selbst, dass meine Tagesstruktur lediglich als Anregung dienen kann bzw. hier als Beispiel veranschaulichen soll, wie wertvoll und hilfreich eine solche sein kann. Aber im Grunde gibt es nur einen einzigen Menschen, der wissen kann, was genau du brauchst, um einen wirklich erfüllten Tag und damit ein erfülltes Leben zu haben: nämlich du selbst! Wie oben beschrieben, ist es wenig sinnvoll, wenn dir irgendein Guru etwa einflüstert, jeden Morgen um 5 Uhr aufzustehen, obwohl du womöglich eine Nachteule bist und ein spätes Einschlafen deinem Biorhythmus viel mehr entspricht.

Merke:

Möchtest du voll in deiner Kraft sein, ist es hilfreich, deinen Tag zu strukturieren. Denn jeder gute Tag, den du heute gestaltest, ist ein Gewinn, den du auf dein Lebenskonto einzahlst. Im Verfolgen deiner Ziele ist oft weniger mehr, eine gesunde Mischung unabdingbar, um im Gleichgewicht zu bleiben.

Lebe in Abschnitten

Eine weitere Notwendigkeit, genau das Leben zu leben, das wirklich deinen innersten Wünschen und Werten entspricht, ist, es Etappen einzuteilen. Suche dir dafür etwa ein bis drei Jahresziele, um deine Langstrecke überschaubarer zu machen und auch, um alle deine Lebensbereiche gleichermaßen zu berücksichtigen und langfristig in Balance zu halten. Auch hier hilft ein achtsamer Umgang mit den individuellen Ressourcen, um Ziele wirklich realistisch einschätzen und in einem ausgeglichenen Niveau von Über- und Unterforderung agieren zu können.

Etwa bei meinem Ziel, dieses Buch zu schreiben, bin ich genau so vorgegangen. Ein solches Großprojekt sollte nicht nur gut durchdacht und geplant, sondern trotz allen Ehrgeizes den gegebenen Rahmenbedingungen angepasst sein. Während andere Autoren sich ein paar Monate lang ausschließlich darauf fokussieren können, blieb mir nichts anderes übrig, als die Vorbereitungen, das eigentliche Schreiben und das Prozedere rund um die Veröffentlichung über einen handelbaren Zeitraum zu strecken. So hatte ich mir fürs Erste ein Konzept überlegt und eine Leseprobe erstellt und dafür Feedback eingeholt, das mich motiviert hat, am Ball oder besser gesagt an der Tastatur zu bleiben. Hätte ich umgekehrt meiner Autobiografie die höchste Priorität eingeräumt und diese in nur wenigen Wochen fertiggestellt, was rein schreibtechnisch ja durchaus möglich ist, hätte ich alle anderen Bereiche meines Lebens vernachlässigen müssen. Angefangen von den Geschicken meines Unternehmens bis hin zu meinen körperlichen Bedürfnissen oder sozialen Kontakten. Und nicht zuletzt schadet es womöglich auch der Qualität, wenn man ein Projekt mit größtem Kraftaufwand unter Zeitdruck realisiert, obwohl es auch einen anderen, nämlich gemächlicheren Weg gibt.

Eine bedachte Vorgehensweise ermöglicht dir immer wieder Teilerfolge, die nicht nur beglückend, sondern auch deswegen wichtig sind, um dich zu motivieren, dich stolz und zufrieden zu machen. Wenn du aber allein das Endziel vor Augen hast, kann schnell Frust aufkommen. Zwischenergebnisse aber bestärken dich und können dir zudem auch Hinweise darauf geben, ob deine Richtung nach wie vor stimmt und du in der richtigen Spur bist. Das heißt nicht, dass wir Stolpersteinen aus dem Weg gehen können. Hürden wird es immer wieder geben, wenn wir unsere Meilensteine erreichen wollen. Diese sollten uns also durchaus herausfordern und dadurch größer machen. Aber Achtung: Ziele können dich auch erdrosseln, wenn du ihnen blind folgst. Manchmal verwechseln wir auch unsere ureigenen Ziele mit denen von anderen, etwa weil sie uns vorgegeben werden. Habe daher den Mut, sie regelmäßig und ehrlich zu überprüfen, ob sie wirklich deinen authentischen Bedürfnissen entsprechen. Und: Richte deine Etappen nicht nur nach danach aus, sondern mache sie – und nicht allein das Endziel – zur absoluten Priorität. Denn nicht alle Ziele, die wir uns stecken, können wir auch erreichen. Rückschläge sollten wir bei aller Motivation besser immer mit einkalkulieren. Es kann immer etwas Unvorhergesehenes dazwischenkommen. Und das ist auch gut so. Schließlich sind es die Misserfolge, die uns stärker machen, denn wahres Wachstum ist nur außerhalb unserer Komfortzone möglich.

Bei aller Zielorientierung geht es im Leben nicht allein ums Ankommen. Dein Weg auf dieser Welt hat zwar einen Anfang und ein Ende, aber genau deswegen ist es so wichtig, dir immer wieder voller Dankbarkeit bewusst zu machen, diese Reise auch zu genießen. So kann man auch in dem Bestseller *5 Dinge, die Sterbende am meisten bereuen* nachlesen, wie wichtig es ist, ein wirklich selbstbestimmtes Leben zu führen, aber auch, seine Gefühle auszudrücken, seine Beziehungen zu pflegen, nicht zu viel zu arbeiten und sich ganz bewusst für das Glück zu entscheiden. Jede Wegstrecke, die du gehst, kommt nie wieder! Und um bereits hier einen Teil meines Schlusswortes in diesem Buch vorwegzunehmen, gibt es für mich jenseits aller individuellen Wege ein übergeordnetes Ziel, nämlich so viel Liebe wie möglich zu leben und das Leben als solches voller Dankbarkeit und Demut als das größte Geschenk überhaupt zu würdigen.

Reflexion

Um deine Werte bzw. Ziele so auszurichten, wie es allen Lebensbereichen förderlich ist, beantworte folgende Leitfragen:

- *Welche Dinge bringen mich aus dem Gleichgewicht?*
- *Was bringt mich nicht weiter oder raubt mir wertvolle Zeit?*
- *Was tut mir wirklich gut?*
- *Was ist gesund für mich?*
- *Wie gestalte ich eine Tagesstruktur, die zu mir passt?*
- *Wie kann ich alle Lebensbereiche beim Verfolgen meiner Ziele berücksichtigen?*
- *Wie kann ich meine großen Ziele in kleine Etappen einteilen?*

2 | Deine Wegbegleiter

„Du kannst kein positives Leben erwarten,
wenn du von negativen Menschen umgeben bist."

Kemal Üres

Kaum ein Lebensbereich spiegelt uns den Stand unserer inneren und äußeren Entwicklung konkreter wider als unsere Beziehungen. Erst wenn wir uns selbst gut genug kennen, in die Bindung zu uns selbst Licht und Liebe bringen, wissen wir, welche Menschen in unserem Umfeld die richtigen für uns sind bzw. auch, für wen wir der richtige sind. Oftmals zeigt sich auch erst in der Rückschau nach Jahren, von welchen Mitmenschen wir uns privat wie beruflich haben tragen oder halten lassen dürfen, also ganz allgemein gesprochen, wer uns mit guter Energie umgeben oder aber mit einer negativen Grundhaltung ausgebremst oder gar geschadet hat.

So jedenfalls war es bei mir, weil ich erst nach meinem Zusammenbruch in der Lage war zu realisieren, wer mir auf Dauer guttut und wer mich runterzieht oder auf eine andere Art und Weise mehr Energie raubt, als er geben kann. Mich von Menschen zu trennen, die meinen Weg blockierten oder mich gar in die Knie zwangen, war meist ein schmerzhafter, aber immer auch ein unumgänglicher Schritt in meinem Leben. Und umgekehrt war ich durch meine Tiefs endlich in der Lage, zu erspüren, wer zu mir passt und wer meine volle Wertschätzung auch verdient. So lernte ich etwa in meinem Arbeitsumfeld, bei welchen meiner Mitarbeiter es sich lohnt, diese aufzubauen und zu fördern und somit die Basis des Unternehmens zu stärken.

2.1 Du und dein Umfeld

Wir alle sind soziale Wesen, niemand lebt auf einer Insel ganz allein. Schon das Wort Beziehungen beschreibt es: Wir beziehen uns aufeinander, sodass das Spektrum weit gestreut sein kann, weil Verbindungen genauso unterschiedlich sind wie die Menschen selbst. Als Unternehmer, Chef oder Vorgesetzter steht man nicht selten im besonderen Fokus einer Beziehung.

Im geschäftlichen, aber auch im privaten Bereich habe ich immer wieder beobachtet, wie meine Weggefährten drei Stufen durchlaufen: Auf der ersten bist du insofern gezwungen, dir Respekt zu verschaffen, als du oft nicht für voll genommen wirst. Oder du wirst gar ausgelacht, weil deine Ambitionen viel zu groß erscheinen. Auf der zweiten Stufe findet das Ganze mit etwas Abstand statt, mit dem du kritisch sehr genau beobachtet wirst oder aber, du wirst sogar gänzlich ignoriert. Und die dritte Stufe ist die, auf der bereits zu dir aufgeschaut wird, weil du an dich geglaubt und du nicht aufgegeben hast. Dann suchen diese Menschen plötzlich deine Nähe und wollen von dir wissen, wie du dies oder das geschafft hast.

Ich habe es immer und immer wieder erlebt, dass mir oft mit Neid begegnet wird und erst sehr viel später mit einer gewissen Neugier und dem gebotenen Respekt. Solche Mitmenschen haben womöglich selbst noch einen langen Weg vor sich, kosten aber mitunter zu viel Kraft, um sie quasi mitzuziehen. Und dennoch ist jeder von uns gefährdet, sich von in Wahrheit missgünstigen oder negativ denkenden Weggefährten runterziehen zu lassen. Und darunter leidet nicht nur dein eigenes Durchhaltevermögen, sondern auch das Selbstbewusstsein anderer Menschen in deinem Umfeld, die ihrerseits Wertschätzung verdient hätten und die wir aber allzu oft als selbstverständlich in unserem Leben erachten.

Es gibt ein schönes afrikanisches Sprichwort, das lautet: „Wenn du schnell gehen willst, gehe allein, wenn du weit gehen willst, geh mit anderen." Genauso handhabe ich es mit meinem langjährigen Geschäftspartner Frank, bei dem die Freundschaft des Geldes wegen nicht aufgehört, sondern erst angefangen hat. Ohne diese bereits über zwölf Jahre lang vertrauensvolle Zusammenarbeit stünden wir beide jeweils nicht an dem Punkt, an dem wir jetzt sind. Auch mein Unternehmen, das *Daily You*, wäre niemals so zügig erfolgreich geworden, hätte ich an meiner Seite nicht ihn als Geschäftspartner, der sich seit 20 Jahren um *Eisberg-Seminare* kümmert. Und wiederum mein Geschäftspartner Ekko war maßgeblich daran beteiligt, das *Daily You* auch langfristig auf Erfolgskurs zu bringen und daraus ein mittelständisches Unternehmen zu machen. Ähnlich viel habe ich meinem weiblichen Coach zu verdanken. Ohne sie wäre ich nach meiner Depression nicht in der Lage gewesen, diese Zeilen zu schreiben, geschweige denn auf einer Bühne zu stehen. Und last, but not least: meine Ex-Frau Anja, die mir mehr als 17 Jahre lang zur Seite stand und mit der ich auch heute noch immer eng verbunden bin. Auch ohne sie wäre ich niemals so weit gekommen. Und natürlich unsere tolle Tochter Alisiya, die bereits begonnen hat, in meine Fußstapfen zu treten, was mich sehr stolz und glücklich macht. Alle meine Entwicklungsstufen habe ich durch den Einfluss und die Unterstützung von den richtigen Menschen zur richtigen Zeit in meinem direkten Umfeld erreicht.

Treue oder Trennung

Auf der anderen Seite habe ich mehr als leidvoll erfahren müssen, wie schnell ich mich habe einschüchtern oder verunsichern lassen, wenn ich unter dem Einfluss von Mitmenschen stand, die mir unterm Strich nicht guttaten. Je nachdem, wo diese selbst stehen, wirken sie direkt oder indirekt, bewusst oder unbewusst auf dich ein. Verharren sie etwa in ihrer Komfortzone, werden sie dich nicht unbedingt dazu ermuntern, deine eigene zu verlassen. Es heißt nicht umsonst, du bist die Summe der fünf Menschen, die dich tagtäglich umgeben. Es geht also bei unserer Entwicklung und dem Weg zum Erfolg auch darum, seine Grenzen stetig zu verschieben, um aus seinem eigenen Dunstkreis herauszukommen und den Horizont zu erweitern. Das heißt natürlich nicht, dass wir Menschen, mit denen wir liebevoll verbunden sind, aus unserem Leben verbannen sollten. Es bedeutet im Gegenteil, alle unsere kontinuierlichen Beziehungen dahingehend auf den Prüfstand zu stellen, ob sie uns im positiven Sinn fordern und fördern oder eben nicht. Denn schließlich gilt auch hier, alles in Balance zu halten, was im direkten Umfeld mit individuell bedeutsamen Herzensmenschen sicher am einfachsten gelingt. Eine vertrauensvolle Partnerschaft im Privatleben hat selbstverständlich mindestens genauso eine Berechtigung wie die im Berufsleben und ist nicht selten auch die intensivste mit dem größten Wachstumspotenzial.

Es ist zudem sehr sinnvoll, sich mit Vorbildern zu umgeben oder jenen, die ähnliche Interessen oder Visionen haben und die dich begeistern und bestärken. In manchen Weggefährten kann man sogar sein zukünftiges Ich erkennen, wenn sie ein für dich attraktives Ziel bereits erreicht haben, was einen großen Motivationsschub geben kann, sinngemäß nach dem Motto: „Wenn du der Klügste im Raum bist, dann bist du im falschen Raum." Denn nur wenn wir uns regelmäßig mit weisen und wissenden Menschen umgeben, finden wir die so wichtige Inspiration. Und all dein theoretisches Wissen wiederum ist nur in dem Maß nützlich, in dem du dich herauswagst aus deinem gewohnten Umfeld und aktiv danach lebst, was du wirklich erreichen willst.

So gesehen sind wir aufgefordert, zu hinterfragen, aus welchen Gründen wir es bei dem einen oder anderen nicht schaffen, auf Distanz zu gehen, obwohl wir uns in deren Gegenwart womöglich sogar ausgebremst oder unwohl fühlen. Manchmal halten wir allein deswegen an Beziehungen fest, weil sie schon sehr lange bestehen, sie also reine Gewohnheit sind und wir die drohende, aber nur scheinbare Alternative des Alleinseins fürchten. Auch die Angst vor Konflikten und der Auseinandersetzung mit denselben kann dazu führen, dass wir an Altem festhalten, genauso wie die Befürchtung, andere zu enttäuschen oder gar zu verletzen. Manchmal scheuen wir auch neue Kontakte, weil wir – ggf. unterschwellig – befürchten, diese seien uns auf irgendeine Art überlegen im Vergleich zu altbekannten Weggefährten, bei denen wir es als andersherum empfinden.

> **Merke:**
>
> *Letztlich hängt deine Energie davon ab, welche Energie die Menschen haben, mit denen du die meiste Zeit verbringst. Investiere deine Energie wiederum ausschließlich in Beziehungen, die es auch wert sind.*

2.2 Vertrauen im Voraus

Der schottische Autor George Macdonald schrieb einst: „Vertrauen zu genießen, ist ein größeres Kompliment als geliebt zu werden." In den zwanzig Jahren meines Unternehmertums habe ich mich stets an *einen* Grundsatz gehalten, nämlich anderen Vertrauen im Voraus entgegenzubringen. Das bedeutet nicht, dass ich nicht auch sehr oft enttäuscht wurde, was nun mal dazu gehört, wenn man eine gewisse Erwartung hat. Ich muss mir sogar eingestehen, dass mein geschenktes Vertrauen hundertmal öfter vergebens war, als dass ich dafür belohnt worden bin. Doch diese paar Male waren so kostbar, dass sie all die Enttäuschungen mehr als wieder ausgeglichen haben – etwa, weil daraus über Jahre wertvolle Freundschaften oder Partnerschaften entstanden sind.

Und auch wenn es nicht leicht ist, immer wieder offenherzig auf andere zuzugehen, wenn man negative Erfahrungen gemacht hat, ist es wichtig, immer an das Gute im Menschen zu glauben. Denn genauso wie wir von unserem Umfeld beeinflusst werden, wirken wir auch auf unsere Mitmenschen ein. Begegnen wir einem eher weniger vertrauenswürdig erscheinenden Menschen von vornherein mit Misstrauen, wird er diese Rolle umso wahrscheinlicher auch ausfüllen. Gehen wir dagegen mit Vertrauen in Vorleistung, löst das in dem anderen etwas aus. Sind wir also aufrichtig und ehrlich mit Schwindlern, wird sich aller Wahrscheinlichkeit nach sein schlechtes Gewissen regen, weil er spürt, dass ich als sein Gegenüber die Wahrheit verdient habe. Somit wird er an seiner Schwäche arbeiten wollen, also einen inneren Entwicklungsprozess in Gang setzen, in dem auch das Vertrauen wachsen kann, das jede Art von Beziehung positiv beeinflusst. Nicht nur, aber gerade auch als Unternehmer sollte man mit gutem Beispiel vorangehen und wenn man offen und ehrlich im Umgang mit seinen Mitarbeitern ist, werden diese sich umso leichter tun, es ebenfalls zu sein.

Es hat also immense Vorteile, Menschen einen Überschuss an Vertrauen entgegenzubringen, was sich allein schon in der Körpersprache ausdrücken kann. Bereits in zwanzig Sekunden registriert unser Unterbewusstsein, wie offenherzig ein Mensch uns begegnet, und umgekehrt haben auch wir es in der Hand, wie wir auf andere wirken. Dabei gibt es viele verschiedene und durchaus relevante Gründe, warum wir uns oftmals so schwertun, beim Thema Vertrauen in Vorleistung zu gehen. Es sind nicht nur die erwähnten enttäuschenden Erfahrungen, wie etwa ausgenutzt worden zu sein, die uns für das weitere Leben misstrauisch machen, sondern auch tiefer liegende Muster oder Glaubenssätze aus der Kindheit, die uns haben einreden wollen, niemandem trauen zu können. Manchmal haben wir auch Vorbehalte uns selbst gegenüber und bilden uns ein, tatsächlich nicht vertrauenswürdig sein zu können, weswegen wir ebenfalls keinen Vorschuss gewähren. Oder wir meinen zwar, wir treten einem anderen gegenüber als vertrauenswürdig auf, und doch entlarvt uns unsere Körpersprache, weil sie genau das Gegenteil ausdrückt.

Wenn wir im Privat- wie Berufsleben Menschen für uns gewinnen und Vertrauen aufbauen wollen, sollten wir auf folgende Merkmale achten:

- Eine offene Körperhaltung zeigt Präsenz und bringt Sympathie
- Nichts entwaffnet leichter als ein ehrliches Lächeln, das Wohlwollen bekundet
- Häufiges Nicken wirkt sowohl aufmerksam als auch verständnisvoll
- Augenkontakt signalisiert Offenheit und Interesse

Ebenso elementar für eine vertrauensvolle Basis ist der Mut, Schwächen und verletzliche Seiten zu zeigen, auch oder gerade die, die wir eigentlich verbergen wollen wie etwa unsere Ängste. Wenn wir von anderen Menschen Vertrauen erwarten, müssen wir auch hier in Vorleistung gehen. All diese Dinge öffnen uns und bilden die Basis für ein verständnisvolles Miteinander. Sie sind aber auch der Anfang für eine Reise, dessen Ziel es ist, tiefe Verbindungen zu erreichen, wofür es Zeit und Geduld braucht. Qualitäten wie aufrichtiges Interesse, Empathie, Zuverlässigkeit, Loyalität, Respekt, Verlässlichkeit, Verschwiegenheit, Rückhalt, Akzeptanz, Ehrlichkeit sind unerlässlich für eine solche Tiefe. Und umgekehrt sind Schwächen wie etwa nachtragend, missgünstig oder konkurrierend zu sein, natürlich nicht förderlich für eine vertrauensvolle Beziehung.

> **Merke:**
>
> *Eine vertrauensvolle Grundhaltung ist ein unvergleichlicher Türöffner, der nicht nur ermöglicht, leichter mit Menschen in Kontakt zu treten, wertvolle Bekanntschaften zu machen oder gar Freunde zu gewinnen, sondern sie ist zudem ein Katalysator, um im Job effektiver ans Ziel zu kommen.*

Anhand dieser Leitfragen kannst du überprüfen, inwieweit du es mit Energieräubern in deinem Umfeld zu tun hast:

1. *Freust du dich auf ein Treffen bzw. Wiedersehen?*
2. *Hast du das Gefühl, dein Gegenüber hört dir aufmerksam und aufrichtig interessiert zu?*
3. *Ergibt sich durch ein Gespräch irgendein Mehrwert?*
4. *Hast du das Gefühl, du bekommst genauso viel, wie du gibst?*
5. *Fühlst du dich nach einer Begegnung besser oder schlechter?*

2.3 Enge Beziehungen

Seit ich denken kann, hatte ich eher wenige, dafür aber kontinuierliche, enge Beziehungen und Freundschaften. Oft sogar so eng, dass es mir aus den oben genannten Gründen sehr schwerfiel, diese Menschen früher oder später loslassen zu müssen, wenn es auf irgendeiner Ebene nicht mehr stimmte. Oder es kamen neue Weggefährten hinzu, bei denen es anfangs stimmig erschien, eine engere Verbindung einzugehen, sich aber irgendwann zeigte, es passt doch nicht mehr. Solche Risiken müssen wir eingehen, aber eben auch bereit sein, uns wieder zu lösen, wobei wir nie wissen, ob wir diesem Menschen nicht zu einem späteren Zeitpunkt oder auf einer anderen Ebene noch mal begegnen werden. Sind wir aus irgendeinem Grund gezwungen, uns abzugrenzen, sollten wir dies ohnehin grundsätzlich immer mit Respekt und Höflichkeit tun, gemäß dem arabischen Sprichwort: „Wenn du mit dem Bogen auf jemanden zielst, dann tunke den Pfeil vorher in Honig."

Auch ich bin natürlich von Menschen verlassen worden, die meinen Weg nicht mehr teilen wollten. Und das ist vollkommen nachvollziehbar und in Ordnung. Denn inzwischen sehe ich es so, dass wir alle Beziehungskonten haben. Auch wenn niemand offen darüber spricht oder sich dessen vielleicht nicht bewusst ist, haben wir oft Erwartungen an den Partner, die Freundin oder den Kumpel. Wie oben beschrieben, tat ich mich allerdings lange Zeit schwer damit, das richtige Maß zu finden, was und wie viel ich in Beziehungen investiere. Denn allzu oft war ich ja auf einen Fokus, wie den unbedingten Erfolg, fixiert, weswegen ich etwa meine Familie, meine Ehe viel zu sehr vernachlässigt habe, wohingegen meine Frau stets sehr viel mehr auf unser Beziehungskonto eingezahlt hat. Das Problem dabei liegt natürlich auf der Hand – beide Seiten einer solchen Verbindung werden sich niemals gut fühlen, weil diese Differenz ständig mitschwingt. Es ist also immens wichtig, in jeder Beziehung, ob privat oder beruflich, stetig zu überprüfen, wie die Konten zueinanderstehen, ob diese ausgeglichen sind und welchen Mehrwert ich meinem Gegenüber bieten kann, der sich nicht nur, aber auch aus der gebotenen Wertschätzung ergibt.

Grundsätzlich sind alle Partnerschaften oder Freundschaften natürlich Schwankungen und Entwicklungen unterworfen. Für mich sind enge Freunde nicht nur jene, die mich so mögen oder lieben, wie ich bin, sondern die auch den Prozess meiner Wandlung mittragen. Das ist durchaus keine Selbstverständlichkeit und nicht immer einfach. Mein langjähriger Mentor etwa hat mir zwar zu dem verholfen, was mich heute ausmacht. Gleichzeitig aber war es für ihn eine Herausforderung, sich meinem Wachstum anzupassen, sodass Konflikte entstanden sind. Diese wiederum haben allerdings zu noch mehr Kompetenz und Wachstum bei uns beiden geführt. Und so sind enge Beziehungen eben ein wertvoller Spiegel, der uns zeigt, wo wir stehen und wie wir wirklich auf andere wirken. Wer dagegen immer nur nach oben strebt und nie ein vertrauensvolles Korrektiv hat, wird an der Spitze irgendwann sehr einsam werden und Stillstand riskieren. Auch ich musste dies erst durch schmerzhafte Erfahrungen lernen. Kein Manager, kein Unternehmer kann sich in die richtige Richtung entwickeln und die Leiter des Erfolges erklimmen, wenn er nur um sich selbst kreist und keine lieben Menschen um sich herum hat, die ihm nahestehen und ihn spiegeln.

Genauso wichtig ist die Balance zwischen Nähe und Distanz, mit der sich beide Partner wohlfühlen, was sicher nicht gelingt, wenn wir uns gegenseitig beengen und nicht auch mal loslassen können. Und nicht zuletzt gehört zu engen Beziehungen unbedingt auch das Verzeihen, schließlich sind wir alle nur Menschen und machen Fehler. Ein wirklich guter Freund ist eben einer, der mich mag, obwohl er mich kennt – mit all meinen Schwächen und Fehlern. Besonders in Krisen und schwierigen Phasen sind enge Beziehungen das Wertvollste im Leben überhaupt.

Und umgekehrt, sind auch die größten Erfolge nur dann wirklich schön, wenn wir sie mit Menschen teilen können, die sich mit uns freuen können und wissen, was uns dieser Erfolg bedeutet. Auch das ist allerdings keine Selbstverständlichkeit und sogar in tiefen Freundschaften ist es manchmal schwierig, sein Glück auszubreiten, ohne dass Missgunst oder Ähnliches entsteht. Ein offenes Ohr zu haben für die Nöte des anderen ist leicht, aber Höhenflüge von Herzen mitzutragen, ist nicht nur dann eine Herausforderung, wenn man selbst vielleicht am Boden liegt. Auch unter normalen Umständen ist es sogar unter Freunden nicht selbstverständlich, sich gänzlich selbstlos mitfreuen zu können.

Merke:

Für den nachhaltigen Erfolg und das Lebensglück ist es nicht nur unerlässlich, alle Lebensbereiche in Balance zu halten, sondern auch alle relevanten Beziehungskonten. Denn ohne vertrauensvolle, funktionierende Beziehungen ist Erfolg nicht nur weniger wert, sondern oft gar nicht erst möglich.

2.4 Konflikte

Für viele Menschen scheinen gute Beziehungen und Konflikte in einem Widerspruch zu stehen. Sie sind dem Irrtum aufgesessen, dass ständige Harmonie ein Indikator für die Qualität einer Verbindung ist. Aber nicht selten ist es doch eher die Angst vor der Auseinandersetzung, die uns davon abhält, Konflikte auszutragen oder überhaupt erst als solche bewusst wahrzunehmen. Dabei können Konflikte durchaus auch ein Ausdruck dafür sein, wie wichtig uns eine Beziehung ist. Und gerade bei engen Bindungen ist das Konfliktpotenzial besonders groß.

Früher habe auch ich Harmonie über alles gestellt und mich davor gescheut, mich authentisch zu zeigen, so lange, bis ich emotional hochgefahren bin und überreagiert habe, weil ich es nicht mehr anders deckeln konnte. Doch es ergab einfach keinen Sinn, immer nur nett zu sein und gute Miene zum bösen Spiel zu machen, weil die Harmonie unterschwellig trotzdem gestört war.

Es ist ja auch kein Geheimnis, dass der wahre – oder besser gesagt – umfassende Charakter eines Menschen sich erst in einer Krise oder in einem Konflikt zeigt. So geraten wir manchmal mit anderen aneinander, es kracht und man muss vielleicht eine Nacht drüber schlafen, um wieder aufeinander zuzugehen. Und genau da trennt sich die Spreu vom Weizen. Wenn man am nächsten Tag wieder zusammenkommt, zeigt sich, ob man es mit den richtigen Menschen zu tun hat. Denn diese gehen dir entweder aus dem Weg oder aber kommen vielleicht auf dich zu, geben dir vielleicht recht oder entschuldigen sich und plötzlich war der Konflikt der Samen, um sich gemeinsam auch auf der Beziehungsebene weiterzuentwickeln.

Allein deswegen ist es unerlässlich, als Unternehmer, aber auch als Privatperson seinen Keller aus der Kindheit aufzuräumen und auch dort von innen nach außen seine Entwicklung voranzutreiben. Erst dann wird man als Vorgesetzter nämlich eine verlässliche Größe für die Mitarbeiter. Ich musste auch erst lernen, den Sachverhalt von der Person zu trennen, und plötzlich waren Konflikte kein unangenehmes Problem mehr, das ich wegschieben wollte, sondern eine Herausforderung, die es absolut wert ist, gemeistert zu werden.

Konfliktfähigkeit lässt sich auch sportlich betrachten, um ein anderes Bild sprechen zu lassen: Im Training gibt es den Punkt der *Superkompensation*. Dann wird der Muskel so gereizt, dass er einen Riss erleidet. In der Erholungsphase wächst dieser Muskel wieder zusammen, kommt aber in der nächsten Phase zu einem höheren Leistungsniveau und man kann etwa eine Einheit mehr an Gewichten heben.

Um genau diesen Schmerz geht es beim Trainieren der Konfliktfähigkeit. Wir alle tragen tiefe Verletzungen aus unserer Kindheit in uns. Emotionale Konflikte entstehen vor allem dann, wenn diese Schmerzpunkte getriggert werden. Dann aktiviert sich ein Muster, das im Stand-by-Modus war. Wir reagieren über, weil wir uns vielleicht nicht bewusst mit den Anlässen und Ursachen der Verletzungen auseinandergesetzt haben. Doch der Konflikt, den wir eigentlich in uns tragen, bleibt dann bestehen, weil wir dazu neigen, einer solchen Qual ausweichen zu wollen. Doch gibt es kaum etwas Schlimmeres, ja Tragischeres, als die Verletzungen der Kindheit wieder und wieder sich wiederholen zu lassen. Heilung ist tatsächlich nur dann möglich, wenn wir bereit sind, bewusst und tief in genau diesen Ur-Schmerz hineinzugehen. Erst dann übernehmen wir Verantwortung für unser Selbst und sind in der Lage, angemessen erwachsen und reif in Konflikte zu gehen, die es naturgemäß immer wieder geben wird, nicht nur, aber insbesondere in Arbeitsverhältnissen.

Merke:

Konflikte mit Mitmenschen sind trotz aller stets gebotenen Toleranz unvermeidlich und können in der Lösung aber ein wahres Juwel sein. Gesunde Unternehmen zeichnen sich vor allem auch durch eine gewachsene Konfliktkultur aus.

2.5 Interdependenzen

Die intensivste Stufe einer Beziehung ist die gegenseitige Abhängigkeit, die häufig negativ konnotiert ist. Niemand fühlt sich gerne ausgeliefert und in seinem Wohlbefinden oder seinen Bedürfnissen von einem anderen abhängig. Die Wahrheit jedoch ist: Kein Mensch wird je geboren oder zu einem mündigen Erwachsenen heranreifen ohne das Zutun eines anderen, allen voran natürlich der Eltern. Gegenseitige Abhängigkeit ist nicht nur wichtig, sondern evolutionär betrachtet unerlässlich und entspricht unserem sozial ausgerichteten Wesen. So gut wie niemand auf dieser Welt ist komplett unabhängig. Vom Lieferanten, der den Supermarkt bestückt, bis hin zum Behördenmitarbeiter – alles hängt mit allem zusammen und genauso ist auch das direkte Miteinander einer Firma zu betrachten, in der idealerweise Win-win-Situationen voll ausgeschöpft und so zum Garanten für mehr Leichtigkeit und Erfolg werden.

Dabei heißt es so oft unter Karrieremenschen, sie würden lieber alles alleine oder sich besser nicht von anderen abhängig machen wollen, was fatal ist. In einem Unternehmen muss jeder Entscheider auch mal zurücktreten und delegieren können, sei es wegen Urlaub oder Krankheit. Es ist viel klüger, bewusst positive Abhängigkeiten einzugehen und damit die Bereitschaft des anderen, sich wirklich einzubringen, zu steigern. Ein Stellvertreter etwa, der mit Vertrauen und Befugnissen ausgestattet ist, wird sich in der Abwesenheit seines Chefs mehr einbringen als jemand, der die Aufgabe nur gegen seinen Willen übertragen bekommt. Und wer meint, immer und ewig als Allrounder zu agieren, weil er den Mitarbeitern oder Partnern nicht zutraut, es genauso gut oder besser zu machen, der wird auch seine eigenen Stärken schon allein aus Kapazitätsgründen nie voll ausschöpfen können. Gegenseitige Abhängigkeit ist also ein durchaus sinnvolles und lohnendes Modell, das auch in der Arbeitswelt nicht nur mehr Leistung, sondern auch Tiefe und Fülle bringt.

Es gibt eine schöne Anekdote zum Thema Abhängigkeiten, die ich hier gerne erzählen möchte. Als ich damals meinen Tiefpunkt und den daraus folgenden stationären Aufenthalt in der Klinik hatte, bekam ich Besuch von meinem besten Freund Frank. Er brachte mir eine Postkarte mit, deren Worte mich sehr berührt haben:

Spuren im Sand

Eines Nachts hatte ich einen Traum:
Ich ging am Meer entlang mit meinem Herrn.
Vor dem dunklen Nachthimmel
erstrahlten, Streiflichtern gleich,
Bilder aus meinem Leben.
Und jedes Mal sah ich zwei Fußspuren im Sand,
meine eigenen und die meines Herrn.

Als das letzte Bild an meinen Augen
vorübergezogen war, blickte ich zurück.
Ich erschrak, als ich entdeckte,
dass an vielen Stellen meines Lebensweges
nur eine Spur zu sehen war.
Und das waren gerade die schwersten
Zeiten meines Lebens.

Besorgt fragte ich den Herrn:
„Herr, als ich anfing, dir nachzufolgen,
da hast du mir versprochen,
auf allen Wegen bei mir zu sein.
Aber jetzt entdecke ich,
dass in den schwersten Zeiten meines Lebens
nur eine Spur im Sand zu sehen ist.
Warum hast du mich allein gelassen,
als ich dich am meisten brauchte?"

Da antwortete er: „Mein liebes Kind,
ich liebe dich und werde dich nie allein lassen,
erst recht nicht in Nöten und Schwierigkeiten.

Dort, wo du nur eine Spur gesehen hast,
da habe ich dich getragen."[1]

Fazit:

Letztlich hängt die Frage von Erfolg und Misserfolg von der Qualität unserer Beziehungen ab – angefangen von der zu uns selbst bis hin zu privaten und den geschäftlichen Beziehungen. Nur wenn wir all diese in Balance halten, sie mit Wohlwollen und Liebe führen, also aus der Fülle statt aus dem Mangel heraus agieren, werden wir auch Fülle im Außen, etwa in den Bilanzen eines Unternehmens, generieren.

3 | Dein Weg nach vorne

„Der unternehmerische Erfolg fängt nicht beim Unternehmen an, sondern beim Unternehmer!“

Kemal Üres

Am Anfang deines Weges steht, wie eingangs beschrieben, die Selbsterkenntnis. Sie definiert, wo wir herkommen und wo wir hinwollen. Im vorangegangenen Kapitel haben wir uns unseren Wegbegleitern gewidmet und im Folgenden geht es um die Frage, was uns innerlich antreibt und wie wir es schaffen, in der Spur zu bleiben. Denn eiserner Wille allein reicht nicht, um glücklich ins Ziel zu kommen und schon gar nicht, um die Etappen bis dorthin auch mit bestmöglicher Lebensqualität zu genießen.

Mein Wille zum Erfolg war so übergroß, dass dieser irgendwann nichts weiter als Mittel zum Zweck wurde. Ich hatte ab irgendeinem Punkt keinen Spaß mehr an der Arbeit und ich empfand auch keinen Stolz, als ich meine Ziele erreicht oder gar übertroffen hatte. Der Erfolg sollte bloß den Mangel in mir überdecken und aufwiegen. Aber eine tiefe Freude und Erfüllung stellte sich nicht ein, weil ich zu sehr auf das Außen fixiert war, statt auf mein Inneres Acht zu geben und authentisch meinen Weg zu gehen. Ein bewusstes Annehmen unserer Person im Ganzen und Strukturen im Außen, die uns Halt geben, sind die besten Garanten für wirklich nachhaltigen Erfolg auf ganzer Strecke bis zum Ende.

3.1 Begrenzungen

Ein wesentlicher Punkt für einen solchen achtsamen, authentischen Weg ist, seine Grenzen zu kennen. Kein Marathonläufer wird je ins Ziel kommen, wenn er nicht sorgsam mit seinen Ressourcen umgeht. Das bedeutet, nur wenn wir uns selbst voll und ganz annehmen, mit all unseren Begrenzungen und Einschränkungen, sind wir in der Lage, aufrecht und in voller Kraft vorwärts zu kommen. Wenn wir uns dagegen chronisch überfordern, sind wir bald ausgebrannt und merken dies womöglich erst, wenn es zu spät ist.

Ich selbst bin viel zu oft über mein Limit hinausgegangen und habe mir zu lange zu viel zugemutet, wollte mehr als ich konnte und nicht akzeptieren, dass ich mich – und damit oft auch andere – überfordere. Es gilt also, absolut ehrlich zu sich zu sein und sich die eigene Limitierung auch tatsächlich einzugestehen.

Besonders in der Startphase eines Unternehmens neigen Gründer dazu, sich zu übernehmen. Doch wenn man alles auf einmal will, verliert man den Fokus auf den nächstwichtigen Schritt. Dann braucht man ungleich mehr Energie, als man eigentlich aufbringen kann. Wer den Erfolg zu schnell erwartet und sich nicht in Geduld üben kann, der macht es sich selbst schwer. Erfolg, wenn er nachhaltig sein soll und nicht bloß ein Strohfeuer, braucht Zeit statt Druck. Der ist nicht selten selbstgemacht und so groß, dass auf halber Strecke aufgegeben wird oder gar kurz vor dem Ziel.

Ich selbst brauchte schnelle und regelmäßige Erfolge auch als Rückmeldung und als Antrieb. Ungeduldig bin ich heute noch, aber ich habe gelernt, diese Eigenschaft sozusagen zu zügeln, indem ich akzeptiere, wenn mich jemand, der mich gut kennt, bremst und mich daran erinnert, dass Geduld und Nachsicht hier bessere Ratgeber sind. Oder aber ich mache eine Pause und lenke mich ab – ich koche etwas, lese, mache Sport als eine Art Zäsur, um danach wieder voll durchstarten zu können.

Entscheidend dabei ist, sich selbst mit seinen Möglichkeiten und Grenzen aus vollem Herzen zu akzeptieren und nicht bloß aus reiner Vernunft. Erst auf der emotionalen Ebene nämlich ist der Prozess des Annehmens auch wirksam. Selbstliebe und Eigenfürsorge sind dann nicht länger nur hohle Versprechen sich selbst gegenüber, sondern eine echte Verbindlichkeit, die Zeit und Achtsamkeit erfordert, ähnlich wie man sie etwa seinem geliebten Kind entgegenbringen würde.

3.2 Entschlusskraft und Disziplin

Ebenso problematisch wie die Überforderung kann die Unterforderung sein, wenn wir im wahrsten Sinne nicht gefordert oder gefördert werden. Das gilt nicht nur für Kinder in der Erziehung, sondern gleichermaßen für uns im Erwachsenenalter. Willensstärke etwa ist wie ein Muskel, den man trainieren kann. Sie ist aber auch etwas, das verkümmert, wenn man sie nicht konstant nutzt und einsetzt. Und genau dazu wiederum gehört Disziplin. Einerseits müssen wir uns maßregeln in Bezug auf unsere Bedürfnisse und andererseits auch mal überwinden, auch wenn wir zu etwas keine Lust haben. Hürden sind täglich viele zu nehmen. Aber der Wille, sie zu überwinden, wird stärker mit jeder Hürde, die genommen wird.

Was du in der Vergangenheit gemacht hast, hat dich schließlich zu dem Punkt gebracht, an dem du jetzt bist. Also arbeite an deiner Zukunft, wie du sie dir wünschst, indem du jetzt genau das machst, was dafür nötig ist. Ebne dir deinen Weg zu deinen Träumen. Erfolg ist nichts anderes als die Summe aller kleinen Dinge, die wir täglich für unsere Ziele tun.

Nutze Mittel und Werkzeuge für dich, die dir dabei helfen, am Ball zu bleiben: Setze dich ruhig etwas unter sozialen Druck, indem du anderen von deinen Zielen berichtest, kontrolliere dich und deine Fortschritte regelmäßig, richte dir eine Tagesstruktur ein, die zu dir passt und dir förderlich ist.

Tatsache ist: Der Mensch neigt dazu, Aktionen, die Spaß machen, denen, die weniger Freude bereiten, vorzuziehen. Und genau da musst du ansetzen. Überwinde dich, auch die Dinge anzugehen, die weniger Spaß machen! Schon bald wirst du merken: Entschlusskraft und Disziplin gehen irgendwann in selbstverständliche Gewohnheiten über.

Merke:

Jede große Reise beginnt bekanntlich mit dem ersten Schritt: Das kann schon die kalte Dusche am Morgen sein, das Einräumen der Spülmaschine, kurzum: Dinge, die einem nicht unbedingt Spaß machen, aber dennoch erledigt werden müssen. Und irgendwann gehört es zu deinem Alltag dazu und geht ganz automatisch.

3.3 Gewohnheiten und Routinen

Wie wichtig Gewohnheiten sind – wie banal sie auch immer sein mögen –, wurde mir klar, als mein Coach mir, wie eingangs beschrieben, aufzeigte, wie positiv sich äußere Strukturen auf den inneren Halt auswirken. Mir persönlich war bis zu diesem Zeitpunkt nie bewusst gewesen, wie wichtig solche Routinen sind, deshalb hatte ich praktisch auch keine. Ich dachte fälschlicherweise: Ich will etwas bewegen, will vorankommen, Gewohnheiten halten mich da bloß auf. Gewohnheiten aber führen einen auf dem Weg zum Ziel Schritt für Schritt voran.

Sie sind wichtig, um deinem Privat- wie auch Berufsleben eine Struktur, einen Rhythmus zu geben und es zu meistern. Wer unstrukturiert an die alltäglichen Herausforderungen geht, der verpulvert unnötig Energie, denn die setzt er mal hier und mal dort ein, um am Ende des Tages festzustellen, dass er nicht allzu weit gekommen ist. Gewohnheiten sind damit auch Energiesparer, denn mit ihrer Hilfe laufen bestimmte Prozesse, und eben auch Entscheidungsprozesse, ganz automatisch ab, ohne dass man sich lange und aufwendig mit ihnen beschäftigen muss – Energie, die man an anderer Stelle gut brauchen kann, etwa um schwerwiegende Entscheidungen zu treffen.

Schaffe dir Anknüpfungspunkte, mit denen du deine Gewohnheiten koppelst: Nach dem Aufstehen meditiere ich zunächst eine Viertelstunde; wenn ich auf dem Stepper stehe oder auf dem Laufband, höre ich ein Hörbuch; wenn ich Auto fahre, denke ich über den Tag nach, über das, was ich erledigt habe oder noch erledigen muss etc. Ich verbinde das eine mit dem anderen, beides passt und fügt sich gewissermaßen nahtlos zusammen.

Eine Routine zu implementieren braucht seine Zeit und dauert rund 20 bis 50 Tage. Je schwerer es dir fällt, in einem bestimmten Punkt eine Sache zu wiederholen, desto länger dauert es, bis sie tatsächlich zur Gewohnheit geworden ist. Auch schlechte Gewohnheiten abzulegen ist natürlich zweckdienlich. Das ist allerdings auch nicht ganz leicht. Mark Twain hat es hier auf den Punkt gebracht: „Gewohnheiten kann man nicht aus dem Fenster schmeißen, man muss sie Stufe für Stufe die Treppe hinunterprügeln." Bis man eine Gewohnheit abgelegt hat, braucht es also durchaus Zeit, Mühe und Geduld.

Merke:

Am Anfang siehst du kaum einen Fortschritt. Das, was die Gewohnheit dir ermöglicht und bietet, erschließt sich dir nicht sofort, wenn du sie implementiert hast. Der Effekt der Routinen und Gewohnheiten verläuft nicht linear, also gleichbleibend, sondern exponentiell, nämlich sprunghaft. Das bedeutet: Plötzlich wirst du überdeutlich merken, wie sinnvoll diese neue Gewohnheit ist und wie stark sie dich weiterbringt.

3.4 Belohnungen

In meinem Unternehmen habe ich es zur Gewohnheit gemacht, am Ende einer jeden Woche die Umsatzzahlen bekanntzugeben und damit mich und meine Kollegen zu motivieren und anzuspornen. Diese wöchentlichen „Motivationsschübe" waren ungemein wichtig. Ich hielt nichts davon, die Zahlen erst am Ende eines Monats oder gar am Ende des Jahres zu besprechen, dann war das Spiel ja schon vorbei und gelaufen! Ich wollte den Vergleich von Woche zu Woche, während das Spiel noch läuft, sodass man nötigenfalls eingreifen und die Taktik ändern kann. Ich merkte, wie gut dieses Prinzip funktionierte.

Und natürlich ist es auch wichtig, Erfolge als Erfolge wahrzunehmen und sie gebührend wertzuschätzen. Ich selbst habe meine Erfolge nie wirklich wahrgenommen, deshalb habe ich sie auch nie gefeiert. Das hatte einen Vorteil: Ich blieb stets mit beiden Beinen auf dem Boden, ich hob nie ab und es bestand zu keiner Zeit die Gefahr, dass ich größenwahnsinnig wurde. Hatte ich den Berg bestiegen und war oben angekommen, hielt ich nicht etwa inne, um den herrlichen Ausblick zu genießen, sondern ich sah bloß eines: den nächsten Berg, der in der Ferne schon auf mich wartete und der erklommen werden wollte.

Dabei sollte man jeden noch so kleinen Erfolg feiern! Sie sind schließlich keine Selbstverständlichkeit. Wer nicht feiert, sondern bloß von Ziel zu Ziel hastet, der wertschätzt auch nicht das, was er erreicht hat, der empfindet keinen Stolz auf seine Leistung und verliert die Motivation.

> **Merke:**
>
> *Mach die Erfolge sichtbar – für dich und für die, die dir wichtig sind, deinen Partner, deine Kollegen. Belohne dich, gönn dir etwas! Sei stolz und dankbar – du hast es dir verdient!*

3.5 Seelenaufgabe

Manchmal ist es auf dem Karriereweg gar nicht der Mangel an Ressourcen, der uns ausbremst, sondern das Ziel selbst, das uns blockiert. Basiert unsere Motivation etwa allein auf finanziellem Antrieb, also auf dem Wunsch, möglichst viel Geld zu verdienen, um Freiheiten zu erkaufen, dann wird uns das nicht erfüllen. Dann brauchen wir immer mehr: mehr Erfolg, mehr Geld, weil wir nie wirklich zufrieden sind. Und das, was wächst, sind nicht wir, sondern bloß die Gier.

Wenn wir nicht voller Leidenschaft dafür brennen, ist es womöglich nicht das, was uns im tiefsten Inneren entspricht. Und wenn wir uns montagmorgens schon nach dem Wochenende sehnen und bis zum Feierabend die Stunden zählen, sind wir sicher weit von dem entfernt, was uns morgens mit Begeisterung aus dem Bett springen und während der Arbeit die Zeit vergessen lässt. Egal ob Manager eines DAX-Unternehmens, Inhaber eines Blumenladens oder Beamter bei einer Behörde – wer Spaß hat an dem, was er macht, der hat den richtigen Weg seiner Berufung eingeschlagen.

Viele, die ich kenne und die genau das machen, was ihrer Berufung entspricht, sagen mir, dass sie ihre Arbeit gar nicht als Arbeit im üblichen Sinne bezeichnen, sondern als Freude, die der intrinsischen Motivation entspringt. Manche sagen auch: „Ich habe mein Hobby zum Beruf gemacht." Sie gehen mit voller Leidenschaft und Überzeugung zu Werke, ihr Job erfüllt sie vollends, fast kann man sagen: Er nimmt ihnen keine Kraft, sondern er gibt ihnen Power und Energie.

Deine Berufung ist also eine Art Seelenaufgabe, die dich antreibt, jeden Tag motiviert und Kraft gibt, weil sie Freude bereitet. Und was uns Freude bereitet, braucht bekanntlich viel weniger Energie als etwas, wozu wir uns tagtäglich überwinden müssen. Wenn wir unserer Seelenaufgabe nachgehen, die uns von innen antreibt, sind wir gestärkter und resilienter bei Rückschlägen und auch geduldiger, wenn etwas mal nicht so wie am Schnürchen läuft.

Mit Hilfe folgender Leitfragen kannst du deiner Seelenaufgabe auf den Grund gehen:

1. *Bei welcher Tätigkeit vergisst du die Zeit?*
2. *Für welche Aufgabe würdest du morgens hochmotiviert aus dem Bett springen?*
3. *Wann stimmen Freude und Fähigkeiten einer Tätigkeit am meisten überein?*
4. *Womit würdest du den lieben langen Tag deine Zeit verbringen, wenn Geld keine Rolle spielen würde?*
5. *Welche Beschäftigung gibt dir vorher, dabei und hinterher ein durchweg gutes Gefühl?*

> **Merke:**
>
> *Manchmal ist es gar nicht die Aufgabe an sich, die uns nicht entspricht, sondern womöglich allein das Umfeld, also die Branche, die Kollegen oder der Ort, die wir wechseln können, um mehr Erfüllung und Zufriedenheit zu finden.*

3.6 Loslassen

Das Thema Loslassen ist bei vielen negativ behaftet, weil es suggeriert, dass wir etwas aufgeben müssen, das wir uns gewünscht haben. Oder es meint, einen geliebten Menschen zu verabschieden. Bezogen darauf, wie wir mit mehr Leichtigkeit und Lockerheit durchs Leben gehen, können wir das Loslassen auf eine ganz andere Weise betrachten. Stellen wir uns vor, wir halten einen Stift fest in unserer Hand. So fest, dass unsere Muskeln verkrampfen, bis es schmerzt. Werden wir aufgefordert, loszulassen, gibt es zwei Möglichkeiten: Wir lassen den Stift fallen, lösen uns also komplett etwa von unserem Herzenswunsch, oder aber, wir öffnen einfach unsere Hand, sodass der Stift locker auf der Innenfläche liegt und Bewegung und damit neue Energie ins Spiel kommt.

Wer nicht loslassen kann, macht sich selbst zum Opfer seiner Verbissenheit. Es geht dabei sowohl um den wohlverdienten Urlaub als auch darum, im Alltag regelmäßig alles beiseite zu legen und sich zu entspannen, tief Luft zu holen, durchzuatmen. Wer diese Pausen als reine Zeitverschwendung betrachtet, den möchte ich daran erinnern, dass eine solche Auszeit mitunter gern als „kreative Pause" bezeichnet wird. Und da ist tatsächlich etwas dran: Wer hatte nicht schon eine gute Idee, die ihm genau dann in den Sinn kam, wenn er etwas tat, was mit seinem Job nichts zu tun hatte, etwa beim Duschen, beim Sport, beim Musikhören?

Zum Loslassen gehört aber auch, das anzunehmen, was du nicht ändern kannst. Lass die Vergangenheit hinter dir, schließe damit ab und lebe – und zwar im Hier und Jetzt! Wer sich dauerhaft mit negativen Erfahrungen und Gefühlen beschäftigt, verschwendet Energie und Zeit, der tritt auf der Stelle, denn er verharrt in einer Situation und in einem Zustand, der seiner seelischen und körperlichen Gesundheit schadet und ihn daran hindert, voranzukommen und seine Fähigkeiten voll auszuschöpfen.

Ich selbst konnte früher nicht gut loslassen. Ich musste stets etwas tun, weil ich glaubte, sonst den Anschluss zu verlieren. Ich las ein Sachbuch nach dem anderen, war immer aktiv, immer auf Sendung, eine Ruhepause gönnte ich mir nicht. Ich fühlte mich wie der, der gegen den Strom schwimmt: Hört er auf zu schwimmen, treibt er zurück. Wenn ich nichts tat, hieß das für mich: Rückschritt. Und auch: Gefühle zulassen und mich mit ihnen auseinandersetzen zu müssen. Das wollte ich unbedingt verhindern.

Ich musste es erst lernen, auch loslassen zu können. Heute genieße ich es sehr!

Fazit:

Wer loslässt,

- *hält inne, entspannt, schöpft Kraft, um dann wieder aktiv und kreativ zu sein;*
- *entscheidet sich, seinen Blick nach vorn zu richten statt noch länger mit der Vergangenheit zu hadern;*
- *akzeptiert, dass nicht immer alles nach Plan läuft und er nicht alles unter seine Kontrolle bringen kann;*
- *akzeptiert sich selbst, mit seinen Fähigkeiten und Grenzen, ist selbstbewusster, denkt klarer und letztlich zielorientierter;*
- *hat wieder mehr Power und richtet den Fokus verstärkt auf das nächste Ziel.*

4 | Deine Ausrichtung

„Erfolgreiche Menschen gehen raus und holen sich das, was sie wollen – und dann gibt es noch all die anderen. Erfolg kommt nicht einfach auf dich zu – Erfolg folgt!"

Kemal Üres

Als ich 2006 zum ersten Mal an einem sehr tiefen Punkt angelangt und mit schweren Depressionen und Burnout in der Klinik in Kassel gelandet war, wurde mir endgültig klar, dass es so nicht weitergehen konnte. Auch und besonders in Bezug auf mein Restaurant, das *La Paz*, wollte und musste ich dringend etwas ändern. Allerdings hatte ich absolut keine Ahnung, was. Ich wusste nur, ich hätte viel lieber ein Unternehmen haben wollen, in dem ich eher strategisch im Hintergrund statt persönlich agieren und das unabhängig von einem Standort existieren könnte. Und so saß ich ratlos und auch etwas gelangweilt in den Pausen zwischen den Therapieeinheiten in Bäckereicafés und Coffee Shops rum und beobachtete Tag für Tag, wie gestresste Büromenschen mittags in langen Schlangen standen, um ewig auf einen kleinen Mittagssnack zu warten. Die meisten holten sich einfach einen Kaffee und ein Brötchen und vergeudeten dafür einen Großteil ihrer Pause. Dazu kam, dass sie dafür etwa 6 oder 7 Euro ausgaben, ohne dafür einen wirklich schmackhaften oder gar gesunden Gegenwert zu erhalten. Eines Mittags saß ich wieder so da und dachte plötzlich bei mir, das kann es doch nicht sein – und schlagartig ging mir ein Licht auf!

Ich eilte zurück auf meine Station in der Klinik und begann, das Konzept für *Daily You* zu schreiben. Dieses Wunder ist buchstäblich aus der blanken Not entstanden, als eigentlich gar nichts mehr ging. Ich war am Boden und erst auf dieser Basis war es mir möglich, alles neu zu denken und noch mal ganz von vorn anzufangen.

Doch auch dieser Neubeginn war alles andere als einfach. Ich hatte zwar eine gute Idee, ein ausgefeiltes Konzept und bald sogar einen ersten Standort gefunden. Aber ich hatte kein Geld! Und die Bank bestand darauf, dass ich ein Drittel der Investitionskosten durch Eigenkapital bestritt. Also musste eine neue, rettende Idee her. Ich ging zum Ladenbauer und bat ihn darum, mir eine Quittung auszustellen, die belegen sollte, dass ich 30 000 Euro angezahlt hatte. Im Gegenzug würde er den Auftrag bekommen. Und genau so kam es dann auch. Ich habe also damals mein Unternehmen mit null Euro Eigenkapital gegründet, das heute Millionen-Umsätze macht und dies schlicht und einfach deswegen, weil ich immer wieder den Mut aufgebracht habe, mich jedes noch so unlösbar erscheinenden Problems anzunehmen und wie in einem Spiel durch „Trial and Error" zu meistern. Ich habe mein erlerntes Wissen und meine neuen Ideen stets sofort umgesetzt und bin so immer aktiv und dynamisch geblieben.

> **Merke:**
>
> *Solange du Wissen nur konsumierst, aber nicht anwendest, wird sich in deinem Leben nichts verändern. Entwicklung und Fortschritt beginnen zwar immer im Kopf, werden aber nur durch konkretes Handeln in der realen Welt manifestiert.*

4.1 Werde zum Problemlöser

Wer ein Business gründen will, sollte also vor allem eines tun: ein oder gar das Problem der gewünschten Zielgruppe lösen. Um sich eine solche nachhaltig erfolgreich zu erschließen und diese auch stetig an sich zu binden, muss man die Fähigkeit besitzen, sich in deren Lage hineinzuversetzen. Was wollen oder wünschen sich diese potenziellen Kunden, was brauchen sie am meisten? Wo bestehen Engpässe, die es auszugleichen gilt?

Ich hatte also all diese Menschen während ihrer knapp bemessenen Mittagspause beobachtet und ihr Problem ziemlich klar erkannt und damit auch gleich die Lösung gefunden: ein gesunder, kostengünstiger Snack, der frisch zubereitet und trotzdem schnell verfügbar ist. Aber ich wollte es von Grund auf richtig machen und die Bedürfnisse und Wünsche meiner Kunden noch genauer kennen. Also habe ich Fragebogen erstellt und diese mit Unterstützung von fünf Studenten unter etliche Angestellte in großen Firmen gebracht. Und so fand ich heraus, dass meine anvisierte Zielgruppe zum einen tatsächlich schnell verfügbares Essen wollte, dies aber auch mit der Option, es bestellen und ins Büro liefern lassen zu können. Dazu sollte das Angebot kulinarisch abwechslungsreich, natürlich gesund und am besten omnipräsent und to-go-tauglich zum Mitnehmen sein.

Aufgrund dieser teils sich bestätigenden Annahmen und teils aber auch neuen Erkenntnisse habe ich mein Konzept dann nochmals überarbeitet und neu ausgerichtet und mit *Daily* auch den passenden Namen für mein Business erdacht. Allerdings hat es noch eine ganze Weile gedauert, bis dieser Findungsprozess abgeschlossen war und der Name noch treffender zum Ausdruck bringen konnte, wofür mein Business tatsächlich steht. Weil es um den Menschen und nicht bloß den Kunden geht, entschloss ich mich, das *You* dazu zu nehmen und schließlich den Claim *Eat powerful*.

Was die recht einseitige Ausrichtung des *Daily You* anging, hatte ich zwar durchaus auch meine Zweifel. Doch es zeigte sich, das genaue Gegenteil ist der Fall, wie ich bereits zuvor durch die sogenannte EKS[2] gelernt hatte. Nach dieser Methode der „Engpasskonzentrierten Strategieentwicklung“ gilt:

- Wähle eine Zielgruppe und löse das Maximum ihrer Probleme bestmöglich,
- spezialisiere dich am Markt und
- richte dich danach aus mit entsprechenden Werten.

Meine innere Vision, die tatsächlich sogar meinen Werten, Interessen und Fähigkeiten entsprach, weil mir Sport und Fitness und Gesundheit schon immer wichtig waren, war in derselben Sekunde geboren, in der auch die Idee entstanden war: Business-People sollen sich besser, schneller und gesünder ernähren können. Diese Vision, der Kern unserer Geschäftsphilosophie, bewusst gesund zu essen, wiederum war so klar, dass alle meine Mitarbeiter ihr später sogar auch mühelos folgen konnten. Und so entstand daraus auch eine äußere Mission: Das *Daily you* hat es sich zur Aufgabe gemacht, alle Kunden schnellst- und bestmöglich zu versorgen.

Dies hat bis heute Bestand und doch war es ein langer, mitunter beschwerlicher Weg dorthin. Denn der hielt eine Vielzahl an Herausforderungen bereit, etwa dass es nicht genügend Köche gab oder die Standorte zu teuer waren. Und so war ich zunächst gezwungen, jeden Tag aufs Neue selbst in der Ecke einer Leihküche die Speisen zuzubereiten, die ich zuvor im Großmarkt besorgt hatte. Eineinhalb Jahre lang habe ich alles allein gestemmt – mit Hilfe meiner damaligen Frau, die die frische Ware in unserem ersten Laden direkt verkauft hat und das alles parallel zum normalen Tagesgeschäft im *La Paz*.

Doch das Universum schenkt dir immer wieder etwas, um einen Schritt weiterzukommen auf deiner Mission. So war es uns doch irgendwann möglich, einen großen Produktionsstandort zu kreieren, der alle weiteren Filialen beliefert, die nach und nach dazukamen. Wesentlich dabei ist, dass wir uns treu geblieben und für unsere Kunden durch unsere Spezifizierung ein verlässlicher Partner ge-

2 Dr. Kerstin Friedrich, Prof. Dr. Fredmund Malik, Prof. Dr. Lothar Seiwert: Das große 1x1 der Erfolgsstrategie: EKS® – Die Strategie für die neue Wirtschaft (Gabal, 2009)

worden sind. Nicht obwohl wir uns in einem recht spitzen Segment als Spezialist empfehlen konnten, sondern *genau* deswegen war es uns möglich, die Bedürfnisse unserer Kunden zuverlässig zufriedenzustellen und somit organisch zu wachsen. Erst acht Jahre später, in denen wir uns Schritt für Schritt etabliert hatten, war es somit nicht verwunderlich, dass die Zielgruppe weiter auf uns zukam und beispielsweise für eine erste Kindertagesstätte angefragt hat. Die alltäglich 3000 gesunden Kinderessen sind heute einer unserer Hauptgeschäftszweige. Diese Erfolgsgeschichte wäre sicher eine andere, wenn wir uns in der breiten Masse nicht von Anfang an von anderen Anbietern abgehoben hätten.

> **Merke:**
>
> *Die Welt da draußen wartet nicht auf ein neues x-beliebiges Café, den nächsten 0815-Shop oder irgendeinen Wald- und Wiesencoach. Kunden von morgen sind vor allem die Menschen, deren Probleme du bestmöglich lösen kannst – entweder durch eine Primärspezialisierung, etwa mit einem bestimmten Produkt, oder durch Behebung eines konkreten Mangels oder Engpasses.*

4.2 Wissen ist wichtig – Umsetzung ist Macht

Eine weitere wesentliche Erkenntnis, die mir über all die Jahre meines Unternehmertums in Fleisch und Blut übergegangen ist, lautet: lieber unperfekt starten, als perfekt zu zögern!

Nachdem ich mir früh viel Wissen als Senkrechtstarter angeeignet hatte, fehlte mir die Praxis als Selbstständiger. Wie geschildert, kam ich aus der Hotelbranche und wollte unbedingt etwas anderes mit Anfang 20. Ich hatte einfach genug von dem falschen Ellenbogengeschäft, in dem es allzu viel Konkurrenz und Kritik gab. Trotz oder wegen meiner schnellen Karriereschritte war ich nicht nur angreifbar. Ich fühlte mich auch so, weil ich extrem empfindlich und innerlich unsicher blieb. Aus Selbstschutz wollte ich daher viel lieber mein eigener Herr sein und den Schmerz gegen die Freiheit eintauschen. Genau diese vermeintliche Schwäche kam mir als Unternehmer aber immer wieder zugute. Durch meine Verletzbarkeit erkannte ich sehr viel leichter auch die meiner Mitmenschen und konnte stets ungleich empathischer agieren.

Ich habe auch durchaus groß gedacht, wollte aber sicherheitshalber klein anfangen und zunächst eine Kneipe betreiben. Also bin ich voller Tatendrang einfach in alle potenziell infrage kommenden Lokale hineingegangen und habe die Inhaber gefragt, ob sie verkaufen wollen. Und genau so kam ich zum *La Paz* nach nur sechs Monaten. Wäre ich im Hotel geblieben, wäre ich aus den festen Strukturen niemals herausgekommen. Das *La Paz* aber wurde meine Basis und wie erhofft die Brutstätte für alle weiteren Erfolge wie das *Daily You* und *Eisbergseminare*.

Als ich das *Daily You* schließlich 2009 gegründet habe, war damit auch der erste Lieferdienst für Food dieser Art in Deutschland am Start. In diese innovative Idee habe ich damals bis zu 40 000 Euro investiert. Entsprechend riesig waren meine Erwartungen. Doch zu meinem Entsetzen musste ich bald feststellen, dass kein einziger Kunde bestellen wollte. Nach langer Zeit der Entbehrungen bin ich damals dann nach Dubai in meine verspäteten Flitterwochen aufgebrochen, um eine so dringend notwendige Pause zu machen.

Und dann – endlich – geschah das Wunder: Es kam tatsächlich eine allererste Bestellung rein! Ich konnte mein Glück kaum fassen und fühlte mich von einer Sekunde auf die andere wie Steve Jobs und Pablo Escobar. Am Strand hüpfend vor Freude und Erleichterung hörte ich schon die Kassen klingeln, in endlich berechtigter Hoffnung, ab jetzt würde ein Tausender nach dem anderen dort hineinflattern. Doch dann rief mein Koch an und holte mich auf den ernüchternden Boden der Tatsachen zurück. Wieder war eine kreative Lösung für ein nicht unerhebliches Problem gefragt. „Es wurden Wraps bestellt, dabei haben wir doch gar keine!", schimpfte er vollkommen zu recht. Ich dachte nämlich, weil ohnehin kein Mensch bei uns bestellt, nehmen wir ruhig Produkte mit ins Angebot hinein, die nach mehr aussehen. Also musste ich aus Tausenden Kilometern Entfernung irgendwie improvisieren. Ich bat meinen Koch, zum Hamburger Hauptbahnhof zur Konkurrenz zu fahren und dort die gewünschte Anzahl an Wraps mit einem Bestellwert von insgesamt 700 Euro zu ordern und entsprechend für uns umzuetikettieren. Selbstverständlich ließ ich es mir nicht nehmen, hinterher in die Rolle des Qualitätsmanagers zu schlüpfen, um bei besagtem ersten Kunden nachzufragen, ob mit der Lieferung alles in Ordnung gewesen sei. Und tatsächlich, er bestätigte, die besten Wraps der Stadt bekommen zu haben! Der letztlich erfolgreiche Start in unseren Lieferdienst basierte also auf Produkten von der Konkurrenz.

Was ich damit sagen will: Es gibt keinen besseren Zeitpunkt, um ein Vorhaben umzusetzen, als jetzt! Du kannst auch erste Schritte gehen, ohne sie voll durchdacht und perfektioniert zu haben. Denn das Gegenteil von Erfolg ist nicht etwa der Miss-Erfolg, sondern das Nichts-Tun! Wenn du nicht anfängst, deine Pläne – und seien sie auch noch so kleinschrittig – umzusetzen, hast du bereits verloren. Im Grunde ist es nahezu egal, wie du in dein Ziel kommst. Solange du deiner Seelenaufgabe nachgehst, also dein Warum kennst, spielt das Wie keine Rolle. Hauptsache, du kommst in Bewegung und bleibst in Bewegung. Durchs Handeln machst du gelebte Erfahrungen und wenn du diese in deinem Job wiederholst, wirst du besser und besser. Letztlich gehört auch Mut dazu, der dir zeigt, irgendeine treibende Kraft in dir ist stets machtvoller als deine Angst, die dich lähmt.

Merke:

Vergiss nie, dein Business als lockeres Spiel zu betrachten. Aus einem solch befreienden Mindset heraus wird es dir viel einfacher gelingen, kreativer zu improvisieren und flexibler zu agieren. Wenn du dagegen zu verkrampft an die Sache herangehst, weil sie dir zu wichtig ist, fehlt dir nicht nur die gebotene Leichtigkeit. Auch das Bewusstsein der Fülle geht verloren, was den Ausgleich eines Mangels umso schwieriger macht.

4.3 Erst erschaffen, dann einfach machen

Der nächste Schritt nach der Spezialisierung und der Umsetzung ist, sich ein funktionierendes System zu erschaffen. Wenn du dir keines erarbeitest, bist du verloren. Sobald im Geschäftsalltag das Chaos regiert, weil immer wieder auch Unvorhersehbares geschieht, hilft ein System, Stabilität in die Prozesse zu bringen.

McDonald's etwa ist nicht deswegen so beispiellos wie konstant erfolgreich, weil die Produkte, die dieses weltumspannende Franchise-Unternehmen auf den Markt bringt, so exorbitant schmackhaft oder nährreich sind. Nahezu jeder könnte in seiner heimischen Küche Burger zubereiten, die besser sind. Es ist vielmehr das perfektionierte System dahinter, das die US-amerikanische Fast-Food-Kette zur Nummer 1 gemacht hat.

Wenn ein Kind ein Haus zeichnen soll, wird es das aller Wahrscheinlichkeit nach genauso gut schaffen wie ein Erwachsener, sofern es dafür eine Schablone benutzt. Am Resultat ist normalerweise nicht erkennbar, wer da gezeichnet hat. Dieser Vergleich soll zeigen, wie hilfreich Systeme sind, um Abläufe zu automatisieren und Standards zu setzen. Und je erprobter diese Systeme laufen, desto einfacher erreichst du deine Ziele quasi als logische Konsequenz. Wenn du beispielsweise ein Buch schreiben möchtest, ist es ungemein hilfreich, diesen Traum in systematisierte Bestandteile zu zerlegen. Regelmäßig fokussiert eine einzige Seite zu schreiben, bringt dich deinem Ziel, das Buch auch wirklich zu vollenden, viel leichter und womöglich sogar auch schneller näher, als dich jeden Arbeitstag aufs Neue zu motivieren oder gar zu organisieren.

Viele Unternehmer in der Gründungsphase dagegen sind im ständigen Einsatz als Feuerlöscher. Statt sich auf die wichtigen Aufgaben zu konzentrieren, widmen sie sich stets all dem, was dringend ist. Ein System aber kann helfen, dass wichtige Aufgaben gar nicht erst dringend werden. Und ohne Strukturen wird es kaum möglich sein, Erträge nach oben zu skalieren. Bei einem potenziellen Verkauf ist dies zudem ein wesentliches Kriterium für einen Investor. Denn ein solcher ist zumeist an funktionierenden Systemen interessiert und will sich nicht von bestimmtem Personal abhängig machen.

Aber auch für die Mitarbeiter sind Systeme äußerst hilfreich. Damit sie sich frei entfalten können, brauchen sie Strukturen. Leistungen etwa lassen sich einfacher und gerechter beurteilen. Auch sind Menschen bei transparenten und festen Abläufen meist zufriedener, weil sie besser und effektiver arbeiten können. Ein System schafft zudem die richtige Balance zwischen Unter- und Überforderung. Allerdings sollten alle Prozesse stetig verbessert werden, weil Systeme nie fertig sind. Sie sind auch nicht zu verwechseln mit Regeln, die einfach von außen von irgendeinem Schreibtisch aus aufoktroyiert werden.

Vor fünf Jahren habe ich auf diese Weise viel Geld in den Sand gesetzt, als ich Franchise-Lizenzen für ganz Berlin vergeben habe. An gleich vier Standorten sollten dort Filialen eröffnen, doch es funktionierte nicht, weil den Betreibern ein System übergestülpt wurde, das noch nicht vollkommen ausgereift war. Auch das Handbuch konnte das Herzstück – nämlich die Vision dahinter – nicht transportieren, weswegen ich nach dieser Fehlentscheidung den festen Entschluss gefasst habe, künftig nur noch Lizenzen zu erteilen, die die Seele des Unternehmens mitliefern. Und das ausschließlich an Franchisenehmer, die sich damit auch voll und ganz identifizieren können.

Systeme müssen unbedingt organisch wachsen, nicht zuletzt aber auch durch den alltäglichen Mehrwert durch die Mitarbeiter an der Front. So ist der erste Verkauf eines Produktes meist eine reine Vertriebsleistung, der zweite aber eine Qualitätsleistung. Daraus ergibt sich eine garantierte Mindestleistung, durch die man Vertrauen schafft, und das wiederum schafft Umsatz. Erst wenn ein System also innen wie außen rundläuft, es sozusagen programmiert ist, lässt es sich auch multiplizieren.

Allerdings gilt es zu beachten, dass Systeme auch unbeweglich machen können. Ob es langfristig funktioniert und das Unternehmen flexibel genug bleibt, um sich auf die verändernden Bedürfnisse seiner Kunden einzustellen und so einen Wettbewerbsvorteil zu sichern, hängt nicht zuletzt auch von der Größenordnung ab. Eine gute Kenngröße für ein mittelständisches Unternehmen liegt zwischen 100 und 120 Mitarbeitern. Bei allem, was darüber hinausgeht, braucht es eine weitere Kontrolle der Kontrolle.

Wissenschaftler haben etwa am Beispiel von Ameisenvölkern beobachtet, wie sich deren Strukturen auf menschliche Arbeitsprozesse übertragen lassen. Ein Geschäftsführer kann demnach zehn Manager leiten und ein Manager wiederum zehn Fachkräfte. Daraus ergibt sich die ideale Größe von 100 bis 120 Mitarbeitern. Daher ist es ratsam, als Unternehmer zu entscheiden, wie weit du systematisieren willst bzw. wie flexibel du mit deiner Firma sein willst. Wie weit kannst du gehen, wenn das Geschäft stabil, nachhaltig, gut und vertrauenswürdig für den Kunden und wie oben beschrieben beweglich bleiben soll? Andernfalls werden Prozesse und Abläufe steif und etliche Mechanismen eines Wasserkopfes nötig, wie ein Controlling, die ein Unternehmen vielleicht schnell wachsen lassen, aber nicht unbedingt konstant erfolgreich am Markt halten, auch, weil der individuelle Charme verloren geht und der Name austauschbar und beliebig wird.

Als innovativer Unternehmer musst du leidenschaftlich bleiben und immer auch schauen, wohin sich der Markt bewegt und was deine Kunden morgen wollen. Etwa der anhaltende Trend zur Individualisierung bei deren Wünschen erfordert ein bewusstes Change-Management, was bedeutet, festgefahrene Muster zu stören, um die Stabilität auf ein nächsthöheres Level zu heben. Entwicklung findet nur am Punkt des Widerstandes und in der stetigen Veränderung statt.

Merke:

Wenn du nachhaltig mit deinem Business erfolgreich sein willst, brauchst du eine stimmige Balance aus Systemeffizienz und Leidenschaft. Andernfalls fehlt es entweder an Geld oder an der Seele deines Unternehmens. Beides ist langfristig unabdingbar!

4.4 Freiheit durch Verantwortung

Der Weg eines erfolgreichen Unternehmers wird niemals ohne Handeln, aber auch niemals ohne die Übernahme von Verantwortung funktionieren. Dabei suggeriert der Begriff allzu leicht, dass Verantwortung eine Last ist, die nur derjenige tragen kann, der auch stark und eben „belastbar" genug ist.

Auch ich habe es ab einem bestimmten Punkt so gut es ging vermieden, in der Verantwortung zu bleiben. Als mein Business den Übergang von einer One-Man-Show zu einem wachsenden Unternehmen geschafft hatte, machte mir die Größe zunehmend Angst. Der Druck wuchs gleich mit und auch mein Perfektionismus führte dazu, dass ich entweder delegiert oder gar nicht mehr gehandelt habe.

Ab einem gewissen Punkt oder in Ausnahmen mag das gut funktionieren. Doch auf Dauer schadet man damit dem Geschäft mehr, als dass es nützt. Wer sich dazu entscheidet, ein Unternehmen zu gründen, der muss auch bereit sein, die unbequemen Aufgaben anzugehen und den Mut aufbringen, Entscheidungen zu treffen, ohne dass man stets zu 100 Prozent kompetent oder vorbereitet ist. Als Leader musst du dich knietief reinhängen. Darauf folgt dann auch erst der nötige Respekt deiner Mitarbeiter, weil diese erkennen, du bist dir für nichts zu schade, womit wiederum auch deren Bereitschaft für mehr Engagement steigt.

Erst als ich wieder operativ ins Tagesgeschäft zu meinen Leuten zurückgekehrt bin und mich meinen Ängsten gestellt habe, wurde ich wieder ich selbst und hatte Spaß an dem, was ich tat. Ich lernte, mich gerade zu machen, aber auch krumm und hatte mir dadurch die Achtung meiner Mitarbeiter ehrlich verdient.

Verantwortung zu übernehmen, ist schließlich der Kern menschlicher Entwicklung – ob für uns selbst, das eigene Leben oder das Umfeld, ist das natürlich mit Ängsten und Pflichtgefühl verbunden. Doch eine Vermeidung macht diese oder auch den Druck nur noch stärker. Wenn du aber bereit bist, deine Komfortzone immer wieder zu verlassen, lernst du nicht nur viel über dich selbst, sondern du wächst immer weiter über dich hinaus und gewöhnst dich sogar daran. Was also allzu oft mit Angst beginnt, mündet schließlich in Freiheit. Erst durch die Übernahme von Verantwortung ist ein Mensch wirklich selbstbestimmt.

Wer sich dagegen sträubt und nicht zeigt, der muss zwar nicht liefern, hängt aber trotzdem am Haken, weil er die Fäden aus der Hand gibt. Das Gleiche gilt, wenn wir die Schuld für irgendetwas bei anderen suchen. Dann machen wir uns zu Opfern, was nicht zielführend ist. Der Preis für die Freiheit heißt also Verantwortung. Erst wenn du bereit bist, ihn zu zahlen, baust du dir ein Fundament auf, auf dem du deinen Erfolg nachhaltig ausbauen und auch genießen kannst. Wie überall im Leben kommt es auf das gesunde Maß an. Die Dosis macht auch hier das Gift. Wer sich zu viel Verantwortung aufbürdet und das über einen langen Zeitraum, beschwört die Gefahr herauf, vermeidbare Fehler zu machen oder seiner Gesundheit zu schaden.

Ich selbst war erst nach zwei Jahren so weit, die Verantwortung an Manager zu übergeben, als die Prozesse wirklich rund liefen. Und sogar dann hört es nie auf, denn die Verantwortung kommt bloß in einem anderen Gewand daher und bleibt weiter bestehen. Als Leader musst du immer mit gutem Beispiel vorangehen und sichtbar bleiben – für die Mitarbeiter und letztlich auch für den Kunden.

Nutze folgende Leitfragen, um dir deinen Spielraum für mehr Freiheit durch Verantwortung bewusst zu machen:

1. *Welche meiner (zukünftigen) Aufgaben bereiten mir die größte Angst und warum?*
2. *In welche Bereiche investiere ich zu viel, in welche zu wenig meiner Energie?*
3. *Bei welchen Begegnungen in meinem Team habe ich das Gefühl, dass Menschen überfordert sind?*
4. *Welche meiner Aufgaben kann ich wann an Dienstleister oder Mitarbeiter delegieren?*
5. *Wo sehe ich mich bezüglich meiner Verantwortlichkeiten in einem Jahr, wo in fünf Jahren?*

5 | Deine Wegbewältigung

„Das Beginnen wird nicht belohnt, einzig und allein das Durchhalten."

Katharina von Siena

Wie beschrieben, habe ich mir zielstrebig und unter größtem Arbeitseifer meinen Traum eines Unternehmens erfüllt – sogar schneller, als ich vorher gehofft oder angenommen hätte. Ich hatte also erfolgreich das *La Paz* etabliert und eine ganze harte Zeit lang parallel das *Daily You* aufgebaut, bis ich endlich in der Lage war, zu delegieren. Zuvor war ich Mädchen für alles gewesen, mit dem sich zügig einstellenden Erfolg allerdings war es mir möglich, einen Manager einzustellen, sodass ich nur noch im Hintergrund als Unternehmer, aber nicht mehr an der Front agieren musste. Doch wie alles im Leben hat auch dies zwei Seiten. Je größer die Firma wurde und je mehr Mitarbeiter dort beschäftigt waren und geführt werden mussten, desto mehr zog ich mich zurück. Denn die Angst vor der Verantwortung wuchs mit dem Erfolg beständig mit, bis sie mich irgendwann sogar lähmte und fast in den Ruin trieb. Ich war dem Druck nicht mehr gewachsen und unfähig, wieder ins operative Tagesgeschäft zurückzukehren, obwohl dies absolut notwendig war, um nicht alles zu verlieren. Ich sah zwar die Probleme, hoffte aber, das Personal, das ich schließlich eigens dafür eingestellt hatte, würde sich schon kümmern. Doch auch oder gerade als Unternehmer sollte man nie die Zügel ganz aus der Hand geben, sondern stets bereit sein, den Überblick zu behalten und mit anzupacken. Ich aber stand mit dem Rücken zur Wand, weswegen mir letztlich nur ein Ausweg blieb: mich ein für alle Mal meinen Ängsten zu stellen.

5.1 Durch die Angst hindurch

Dass Menschen Ängste haben, ist vollkommen normal und in gewisser Weise überlebenswichtig. Allerdings neigen wir heute, in der modernen Gesellschaft, dazu, unsere Ängste wegzudrücken oder durch irgendetwas kompensieren zu wollen. Dabei wird es immer wieder Situationen geben, die uns – zu Recht oder zu Unrecht – mit unseren Urängsten konfrontieren. Mehr noch, oft passiert im Leben genau das, wovor wir uns am meisten fürchten, wo aber die größten Heilungs- und Wachstumschancen liegen. Sogar oder insbesondere auf unserem Karriereweg wird es nahezu regelmäßig Hindernisse geben, die nicht vorhersehbar sind, aber uns das vermeintlich Schlimmste abverlangen, obwohl genau darin die Chance für den größten Schritt in unserer Entwicklung oder auch der eines Unternehmens liegt. Als Unternehmer muss man bereit sein, sich nicht links oder rechts an den angstbesetzten Hürden vorbeizuschummeln, sondern darüber hinweg- bzw. mitten durch die Angst hindurchzugehen wie durch eine Nebelwand, die sich schnell klärt und die Sicht freigibt, sofern wir uns nur weiter vorwagen.

Naturgemäß gibt es viele Ängste, die ihre Berechtigung haben und die uns davor schützen, uns in die Tiefe zu stürzen oder ungesichert Gipfel zu erklimmen. Ich meine jedoch jene irrationalen Ängste, die uns davon abhalten, voll in unsere Kraft zu kommen, die uns in Starre verharren oder innerlich oder gar äußerlich flüchten lassen. Wenn wir uns unseren Ängsten nicht stellen, lassen wir uns immer mehr durch sie dominieren. Unser Bewegungsspielraum schränkt sich immer mehr ein, bis wir irgendwann vollkommen gefangen sind.

Der Schlüssel liegt wie so oft also im Annehmen. Die Angst mag zwar übermächtig und überzogen sein. Dennoch hat sie vielleicht ihre Berechtigung, weil uns unser inneres System auf Umstände aufmerksam machen will, die uns auf irgendeine Art gefährlich werden könnten und sei es, dass wir uns verlieren und wahre Bedürfnisse zugunsten etwa der Bequemlichkeit, der Gewohnheit oder dem Wunsch nach Anerkennung einfach ignorieren. Zudem wird die Angst nicht kleiner, wenn wir sie beiseiteschieben, sondern sie wird wie ein Ball, den man mit aller Macht unter Wasser drücken will, mit umso mehr Wucht wieder auftauchen.

Auch ich war eines Tages also gezwungen, durch die Angst hindurchzugehen und das – zum Glück – mit Erfolg. Rückblickend habe ich sehr präsent, welche Schritte mir dabei am meisten geholfen haben. Diese möchte ich gerne mit dir teilen:

- Dank der Kognitiven Verhaltenstherapie habe ich das „ABC der Gefühle“ kennengelernt, wonach wir „Adversities“ (also Konflikten oder Herausforderungen) mit bestimmten „Beliefs“ (Gedanken und Glaubenssätzen) begegnen, die wiederum individuelle „Consequences“ (Gefühle oder Verhaltensweisen) zur Folge haben. Wenn du Angst bekommst, geht dieses Gefühl also einer ganz speziellen bewussten oder unbewussten Überzeugung voraus. Ich zum Beispiel hatte Versagensangst, wieder von der Position des Unternehmers im Verborgenen in die des Managers oder der Fachkraft zurückzukehren, weil ich annahm, ich sei dem nicht mehr gewachsen bzw. denen, die mich dabei beobachten, unterlegen. Dahinter steckte die Annahme, wenn ich versage, bin ich ein Nichtsnutz und werde nicht mehr respektiert. Und genau darum geht es, diesen Gedanken hinter der Angst bewusst einem Realitätscheck zu unterziehen und zu überprüfen, ob er wirklich wahr ist. In meinem Fall habe ich mir gesagt, es ist kein Manko, wenn ich mir nach längerer Pause wieder etwas neu aneignen muss, und ich verschaffe mir im Gegenteil womöglich erst recht den Respekt meiner Mitarbeiter, wenn ich bereit bin, von ihnen zu lernen. Aus dieser neuen Überzeugung heraus hat sich die Angst transformiert, also mein Gefühl geändert und mein Handeln daraus ebenso, das der Situation viel angemessener war.

- Auch die Veränderung der Reihenfolge ist hilfreich. Wenn du schneller ins Tun kommst, als dass der Gedanke, der deiner Angst zugrunde liegt, dich lähmt, hast du sie schon überwunden. Etwa, wenn du eine Frau an einer Bar ansprechen möchtest, tue es – ganz direkt und spontan, ohne über einen möglichen negativen Ausgang nachzudenken.

- Es gibt auch kein Gesetz, das besagt, man muss mit seinen Ängsten allein fertig werden. Schon allein Gespräche über die Angst helfen sie zu lindern. Ohnehin ist bei schweren Angststörungen, die das Leben zu sehr beeinträchtigen, absolut angezeigt, sich professionelle Hilfe etwa in Form eines Therapeuten zu suchen. Aber auch bei weniger schwerwiegenden Ängsten ist es sehr wertvoll, sich im wahrsten Sinne wie ein Kind an die Hand nehmen zu lassen. So war es mir damals in der größten Not mit Unterstützung meines Geschäftsführers viel leichter möglich, ins Tagesgeschäft zurückzukehren und mit einfachen Dingen zu beginnen und die mutigen Schritte jeden Tag ein bisschen weiter zu gehen.

- Mithilfe des sogenannten „Refraimings“ kannst du deine inneren Bilder, die durch dein Kopfkino heraufbeschworen werden, effektiv überschreiben. Wenn ich etwa an das Schicksal dieses Buches denke, könnte ich als ein Worst-Case-Szenario entweder vor meinem geistigen Auge eine Lesung mit gähnender Leere im Saal entstehen lassen oder aber mir visuell vorstellen, wie der Titel auf der Bestseller-Liste auftaucht und ich ein Exemplar nach dem anderen signiere. Selbst wenn die Wahrheit am Ende dazwischen liegt, verändert ein positiver Blick die Emotion und letztlich die Energie, die mit dem ursprünglich angstbehafteten Thema verbunden war.

- Das Gleiche gilt für bereits bewältigte Herausforderungen, die Angst machen. Noch heute bekomme ich Anflüge von Panik vor meinen Auftritten als Speaker. Wenn ich mir in solchen Momenten allerdings vor Augen führe, wie ich in der Vergangenheit meine Zuhörer unterhalten oder gar berühren konnte, weicht die Angst einer gewissen Vorfreude oder einfach Lampenfieber, das mir sogar hilft, mich auf meinen Vortrag zu fokussieren.

- Letztlich geht es bei alldem darum, sich bewusst mit seinen Gedanken und Gefühlen auseinanderzusetzen. Eine achtsame Sicht nach innen gelingt meiner Erfahrung nach am einfachsten durch Meditation. Eine solche in meine täglichen Routinen einzubauen, hilft mir, meiner Angst eine Art geschützten Raum zu geben, sie wirklich wahrzunehmen und jeden Gedanken ruhig einmal durchzuspielen und ihr gleichzeitig durch mentale Entspannung und körperliche Ruhe entgegenzuwirken.

Merke:

Angst ist nicht gleich Angst. Es gibt natürlich Situationen, in denen die Angst berechtigt ist und wir intuitiv erspüren, wenn irgendwo eine durchaus vorhandene Gefahr lauert. Umso ratsamer ist es, die Angst so bewusst wie möglich zu durchleuchten.

Fazit:

Auf dem Sterbebett bereuen Menschen nicht das, was sie getan haben, sondern das, was sie aus Angst nicht getan haben. Nur wer bereit ist, Vertrauen statt Angst zu wählen, ist in seiner Schöpferkraft und hat unterm Strich sehr viel mehr Lebensqualität. Wahres Leben findet außerhalb der Komfortzone statt.

5.2 Wandel durch Widerstände

Wenn wir unseren Weg gehen, treffen wir früher oder später zwangsläufig auf Widerstände, die in Verruf stehen, etwas Negatives zu sein. Auch ich habe es stets als lästig empfunden, wenn irgendetwas nicht rundlief oder sofort ein nächstes Problem aufkam, sobald das vorherige gelöst war. Doch sogar auch in Phasen, in denen mich meine Ängste und Selbstzweifel davon abgehalten haben, weiter nach vorne zu gehen, waren die Unwägbarkeiten fühlbar wie ein Kampf mit den inneren Dämonen, der ungleich bedrohlicher erscheint. Denn es ist ein entscheidender Unterschied, ob wir etwas Unangenehmem in unserem Inneren ausweichen wollen oder ob wir im Außen angreifen und uns den Widrigkeiten stellen, statt von ihnen gestellt zu werden. Und mehr noch, sobald wir Widerstände außen aktiv angehen, verschwinden sie meist auch innen und wir fühlen uns ihnen nicht länger ausgeliefert.

Zudem liegt im Überwinden von Widerständen ein unermesslich wertvolles Wachstumspotenzial oder wenigstens eines zur Verbesserung, zumal sie oftmals auch Anzeichen sind, dass irgendetwas nicht stimmig ist. Wenn wir uns etwa Morgen für Morgen aus dem Bett zur Arbeit quälen und enorm viel Energie aufbringen müssen, um zu funktionieren, wie man so unschön sagt, sind diese Widrigkeiten ein untrügliches Zeichen, dass wir im falschen Job festhängen.

Das Gleiche gilt, wenn etwa ein Produkt eines Unternehmens nicht funktioniert und durch etwas Neues ersetzt werden muss. Widerstand, ob bei den Kunden oder Mitarbeitern, ist also nichts weiter als ein Indikator für Störungen in einem System, das noch optimiert werden darf.

Wenn wir Widerstand also als etwas ganz Normales betrachten, das zum Wachstumsprozess einfach dazugehört, verliert er seinen Schrecken. Letztlich ist er eine Form von Energie, die sich überall zeigen kann. Ob in privaten Beziehungen oder im beruflichen Umfeld – wenn wir auf Gegenwehr stoßen, können wir sie zunächst ganz neutral als Information werten, dass etwas nicht im Fluss ist. Im nächsten Schritt gilt es dann herauszufinden, ob beispielsweise ein Einwand eines Kollegen seine Berechtigung hat oder nicht. Wenn ein solcher etwa mit stichhaltigen Argumenten vorgetragen wird, ist diese Form des Widerstandes absolut hilfreich.

Anders verhält es sich natürlich mit vorgeschobenen Einwänden, die nicht wirklich konstruktiv sind. Auch unberechtigte Widerstände wird es wohl immer wieder geben, beispielsweise wenn Mitarbeiter ein Problem negieren, ständig aus ihrer Komfortzone heraus lamentieren oder Arbeitsanweisungen missachten. Um ein simples Beispiel zu nennen: Wenn ein Chef entscheidet, jeden Mittwoch um 9 Uhr findet ein Jour fixe statt, aber einige Mitarbeiter diese Anweisung wiederkehrend bemängeln oder gar unbewusst boykottieren – etwa durch ständige Verspätungen oder missmutige Stimmung –, gilt es zu analysieren, ob die Ursachen dafür womöglich tiefer liegen und ob sie etwa durch konstruktiven Austausch und wertschätzendes Miteinander behoben werden können. In diesem Fall sollte der Chef idealerweise nicht nur erspüren, ob es solche Widerstände gibt, sondern auch, wie diese als Wegweiser zu lesen sind, um ein wirklich funktionierendes System zu erschaffen und auch zu erhalten.

Mit Widerständen sind also all jene Herausforderungen gemeint, die dich tagtäglich zwingen, dich in die Änderungsprozesse des oben genannten Change-Managements hineinzubegeben. Sogar und erst recht ist eine solche Hingabe auch bei großen Konfrontationen gefragt. Corona ist dafür das beste Beispiel, da es nahezu jeden zwingt, zwar sein Bestmögliches zu tun, aber dennoch auch anzunehmen, was nicht zu ändern ist. Gewisse Dinge müssen wir entweder erdulden oder zumindest eine Zeit lang aushalten, weil es keinen Sinn ergibt, dagegen anzukämpfen. Es geht also weniger darum, auf was wir auf unserem Weg stoßen, sondern vielmehr, wie wir solchen Widrigkeiten begegnen und ob wir lernen, in der Überwindung sogar eine Chance zu sehen.

Anhand folgender Anregungen kannst du erkennen, in welchen Bereichen es sich als Unternehmer lohnt, Widerstände aufzuspüren und sie als Wandel zu etwas Neuem zu begrüßen:

- Überprüfe, ob du die Bedürfnisse deiner Zielgruppe wirklich berücksichtigst.
- Kommuniziere noch deutlicher und transparenter die Abläufe und Ziele gegenüber deinen Mitarbeitern.
- Wäge immer aufs Neue ab, ob Kosten und Nutzen in stimmiger Relation zueinanderstehen.
- Stelle regelmäßig die Verteilung der Rollen in deinem System infrage.
- Öffne dich für Kommunikation jeder Art und übe dich im Feedback geben, aber auch entgegennehmen.

5.3 Steh immer wieder auf

Natürlich ist es gar nicht so einfach zu unterscheiden, welche der oben genannten Widerstände uns nun dazu animieren sollten, durchzuhalten bzw. das Beste draus zu machen und welche eher ein Warnsignal sind, komplett loszulassen. Dabei dürfte jedem klar sein, dass zur Verwirklichung der eigenen Vision viel Leidensfähigkeit und Willenskraft notwendig ist. Auch hier ist Corona ein eindringliches, aber geeignetes Beispiel, weil diese Krise nahezu jeden von uns aufgefordert hat, auf unterschiedlichste Art und Weise durchzuhalten.

Insbesondere auch Unternehmer mit Verantwortung für ihre Mitarbeiter sind gezwungen, die sich verändernden Rahmenbedingungen zu akzeptieren und kreative Lösungen zu finden, die das Überleben sichern. Nach all den Tiefs, die ich auf meinem langen, steinigen Weg durchritten habe und noch viel weniger nach all den Höhenflügen, die ich feiern durfte, hätte ich niemals für möglich gehalten, dass es noch etwas geben könnte, das mich in meinen Grundfesten erschüttert. Doch es kam – das Jahr 2020 und wie wohl fast jeden Gastronom traf auch mich und meine 150 Mitarbeiter die Corona-Pandemie mit voller Härte und lehrte mich, flexibel und aktiv zu bleiben. Im Team haben wir in Windeseile Konzepte – etwa mit neuen Lieferdiensten – erarbeitet, mit denen wir es schaffen, nicht unterzugehen. Trotz gigantischer Verluste und dank gesunder Rücklagen wurden so Arbeitsplätze gehalten und gesichert.

Das Krisenjahr 2020 machte aber auch vor meiner Gesundheit nicht halt. Ich lag wochenlang mit einer akuten Nervenentzündung im Krankenhaus, deren Ursache schwer zu finden war. Eine ganze Zeit lang hieß es, sämtliche Symptome deuteten auf Multiple Sklerose hin, und auch wenn sich dieser Verdacht glücklicherweise nicht bestätigt hat, war diese ganze Phase eine der härtesten Prüfungen meines Lebens, die auch immer noch nicht ganz ausgestanden ist. Und dennoch habe ich diese Zeit trotzdem oder gerade deswegen für mich bestmöglich genutzt.

So habe ich mich in den Zwangspausen diesem Buchprojekt gewidmet.

Wenn du mir bis hierhin gefolgt bist, wirst du nachvollziehen können, warum darin ein großer Schritt der Heilung liegt. Aber mehr noch habe ich in dieser

Zeit meine wahre Seelenaufgabe gefunden – den Grund, warum ich jetzt und hier genau richtig bin. Vielleicht hatte sie auch mich gefunden. Denn da draußen gab es plötzlich so viele Gastronomie-Betreiber mit handfesten Problemen und Zukunftsängsten, die froh waren, wenn ihnen ein Vollprofi zur Seite stünde. Das war die Geburtsstunde des Gastroflüsterers! Was lag näher, als all mein Wissen exakt an diejenigen weiterzugeben, die es so dringend gebrauchen konnten? Ich machte schlicht das, was getan werden musste und mir zu 100 Prozent entsprach. Ich bildete in Windeseile ein professionelles Team. Wir drehten ein Video nach dem anderen, meist drei am Tag. Bereits das allererste wurde von 7 Millionen Menschen angeklickt, obwohl es nicht einmal geschnitten oder sonst irgendwie nachbearbeitet worden war!

Der Bedarf nach wertvollem Input war riesig. Zwar bekamen wir von unserer sich stetig aufbauenden Community zurückgemeldet, dass nicht jeder Rat neu ist. Doch der relevante Content brachte neuen Schwung in die Köpfe und die konstruktive, zupackende Ansprache traf von Beginn an offenbar einen Nerv, der mich gleichermaßen elektrisierte. Alles schien sich zu fügen. Wir wurden mit der Zeit auch immer demütiger, weil die Not so groß war. Unsere Verantwortung wuchs, je größer unsere Reichweite wurde. Wir thematisieren alles – von der Frage, wie man seine Preise kalkuliert, bis hin zu Hygiene in Toiletten oder Wespen im Außenbereich. Seither reisen wir kontinuierlich im gesamten deutschsprachigen Raum umher, um die Player der Branche zu porträtieren oder ihnen unter die Arme zu greifen, mit zusehends wachsendem Erfolg.

Ich hatte endlich einen Weg gefunden, wie ich meine Leidenschaft eins zu eins weitergeben konnte. Niemand meiner Kollegen da draußen sollte all das durchmachen müssen, was ich durchlitten hatte, zumal ich der Meinung bin, dass der gesamten Branche leider noch nicht die Wertschätzung widerfährt, die sie verdient. Dabei hat es gerade die Coronazeit bzw. der Lockdown eindrücklich bewiesen: Die Gastronomie ist der soziale Klebstoff einer jeden Gesellschaft! Meine Mission liegt seither darin, der Welt zu zeigen, was da geleistet wird. Wer einen gastronomischen Betrieb hat, muss ein echtes Multitalent sein und auch Funktionen etwa eines Marketingexperten oder Psychologen erfüllen können. Ich möchte Gastrokollegen weiterbilden, inspirieren und vernetzen, damit sie erfolgreich, glücklich und stolz sein können und bestmöglich zusammenhalten im Kampf um den noch immer spürbaren Gegenwind, der weiterhin eine massive „Gesund-Schrumpfung" des Marktes zur Folge haben wird. Und nicht zuletzt wird diesem Buch ein Gastro-Journal folgen, damit die Anhänger meiner Community auch im Alltag dazu angehalten werden, bestmöglich den Überblick zu behalten und sich selbst zu reflektieren.

Mein Leitspruch bewahrheitet sich immer wieder aufs Neue: Das Leben wird vorwärts gelebt, aber erst rückwärts verstanden. Einmal mehr kann ich mit Stolz und Recht behaupten, dass ich das Beste aus der Krise gemacht habe oder auch, dass die Krise das Beste aus mir herausgeholt hat. Denn erst die schier zermürbenden und zerstörerischen Umstände, denen insbesondere unsere Branche auf unbestimmte Zeit ausgesetzt war, machten es mir möglich, ein tiefes Verständnis für die kleinen und großen Nöte aufzubringen. Ich spürte immer mehr, wie groß der Wunsch war, andere in ihrem Business zu unterstützen. Die logische Folge war auch hier, diesen Wunsch auf eine professionelle Ebene zu heben. Ich gründete die Gastro Business School, was sich als goldrichtig erwies. Denn bisher gab es so eine Form der Weiterbildung noch nicht, was in anderen Branchen nahezu undenkbar erscheint. So kann ich jedem Gastronom etwa in Workshops die Chance geben, sich persönlich von mir coachen zu lassen und das Beste aus seinem Betrieb herauszuholen. Schließlich war ich all die Jahre durch eine solch harte Schule gegangen, dass mir niemand etwas vormachen kann. Es zeigte sich, je mehr ich von meinem wahren Ich preisgebe, desto mehr dringe ich zu den Menschen durch. Und je länger ich meine Leidenschaft in den Dienst der anderen stellte, desto näher kam ich mir selbst. Endlich lebe ich mein authentischstes Ich und seit ich mein Warum hinter all meinem Bestreben kenne, sind das Wie und all die Durststrecken und Tiefen auch viel leichter zu ertragen.

Sicherlich wirst auch du resilienter und stärker, wenn du dein Motiv hinter dem Motiv kennst. Wenn du etwa in der Gründungsphase deiner Firma steckst und ein Kreditgeber überraschend abspringt oder einer der Leistungsträger deiner bereits laufenden Firma oder aber dein Privatleben deiner Vision im Weg steht, sind deine Verzweiflung oder die Gedanken ans Aufgeben verständlich. Wenn du dir aber besonders in solchen Situationen bewusst machst, was dein eigentlicher Antrieb ist, also warum du überhaupt angefangen hast, nämlich wahrscheinlich aus anderen Gründen, als lediglich Geld zu erwirtschaften, wirst du umso motivierter wieder aufstehen und einen Ausweg finden.

Weil der Wunsch nach Anerkennung mein innerer Motor war und ich deswegen diesen unbedingten Erfolgswillen hatte, habe ich mir besonders in Krisen immer in den schönsten Farben ausgemalt, wie es wohl sein würde, wenn ich meine Ziele bereits erreicht hätte. Ich habe den Erfolg nicht nur vorausgesehen, sondern gefühlt, ja im Grunde so gelebt, als hätte ich schon alles erreicht, wovon ich träumte, obwohl ich noch sehr weit davon entfernt war. Ob man es aus spiritueller oder aus psychologischer Sicht betrachtet – ich habe mit diesem Bewusstsein der Fülle ideale Vorausetzungen geschaffen, um durchzuhalten und tatsächlich immer mehr Erfolg in mein Leben zu ziehen. Wenn wir andersherum im Mangel und immer nur damit beschäftigt sind, andere Mängel zu beheben, werden wir auch innerlich immer leerer und leerer. Ich habe das vielfach bei anderen Selbstständigen beobachtet, wie sie eifrig bis zu 15 Stunden am Tag Vollgas an der Front geben, aber dadurch den Blick für das große Ganze und sich ganz und gar in einem bestimmten Problem verlieren, wodurch alles umso aussichtsloser erscheint. In solchen Fällen ist es viel sinnvoller, die Dinge aus der Hand zu geben oder zumindest Hilfe anzunehmen, um in die so wichtige Leichtigkeit zurückzufinden, statt womöglich sogar weitere Folgeprobleme zu produzieren.

Ich selbst musste auch erst erfahren, wie leidvoll es sein kann, wenn wir es nicht schaffen, lockerzulassen, zu delegieren oder unseren Perfektionismus abzulegen. Denn Durchhaltevermögen lernen wir nicht durchs stetige Zähne zusammenbeißen, etwa wie ein überehrgeiziger Marathonläufer, der sprintet, statt seinem Tempo entsprechend ins Ziel zu kommen. Sondern wir erhalten oder bauen es aus, indem wir anfangen, in uns hineinzuspüren, innerlich abzuwägen, um so Prioritäten zu setzen.

In den meisten Fällen ist es auch gar nicht sinnvoll, 100 Prozent zu geben, wie auch das sogenannte *Pareto-Prinzip* besagt. Demnach lassen sich mit lediglich 20 Prozent des gesamten Einsatzes bereits 80 Prozent des Ergebnisses erreichen. Für die verbleibenden 20 Prozent des Erfolges benötigt man folglich mit 80 Prozent am meisten Aufwand. Um simple Beispiele zur Veranschaulichung zu nennen: Inzwischen gibt es Apps, die in wenigen Absätzen den wesentlichen Inhalt eines ganzen Buches zusammenfassen. Oder bei Kochrezepten muss niemand unverhältnismäßig viel Zeit oder Geld in eine komplett vollständige Zutatenliste investieren, weil das Essen sicher auch in leicht abgewandelter Form als individuelle Note mindestens genauso gut schmeckt.

Es ist also durchaus ratsam, seine Kräfte nicht immer nur wohlkalkuliert, sondern auch intuitiv einzusetzen. Wenn wir etwa einer Tätigkeit nachgehen, die uns leicht von der Hand geht, weil wir ganz in unserem Element sind, erfordert sie natürlich viel weniger Anstrengung. Jeder sollte grundsätzlich das tun, was er am besten kann und ihm am meisten Freude bringt. Ist dies temporär nicht der Fall, ist eben auch Durchhalten angesagt, wofür es noch viele weitere Hilfen gibt, wie beispielweise diese:

- Visualisiere deine Ziele
  Egal ob es um eine Diät, die Verbesserung der Fitness oder Erfolg im Job geht – lerne in Bildern zu denken oder stelle dir ein *Visionboard* zusammen, auf dem alle deine Ziele und Etappen dorthin stets präsent sind.
- Belohne dich
  Überlege dir jeweils vor dem Erreichen deiner nächsten Etappenziele eine Belohnung, statt allein aus Druck oder schlechtem Gewissen zu agieren.
- Mach das Beste draus
  Wenn du schon die äußeren Umstände nicht ändern kannst, tue dein Bestmögliches, um dir das Leben und die Arbeit zu erleichtern oder zu verschönern – etwa durch Unterstützung, eine verbesserte Infrastruktur oder ruhige Rückzugsorte.
- Übe Gelassenheit
  Gönne dir nach jedem Teilziel eine wohlverdiente Pause und die nötige Ruhe, um so entspannt wie möglich Kraft für die nächste Etappe zu tanken.

Fazit:

Wenn dein Ziel wirklich deinem Herzen, also deiner inneren Mission, entspricht, kann Durchhalten trotzdem mit Leid verbunden sein. Mach dir klar, dass Durststrecken meist vorübergehen, genauso wie der damit verbundene Schmerz. Er wird erst unerträglich, wenn er dich dein Leben lang begleitet, weil du dich und deine Seelenaufgabe aufgegeben hast. Willst du das wirklich? Oder willst du die Widerstände lieber überwinden, um neue Kraft zu schöpfen und mir dir im Reinen zu sein?

5.4 Geduld ist der Schlüssel

Eine simple Frage: Schaffst du es, zwei Stunden lang ein Buch zu lesen, ohne auf dein Handy zu schielen? Falls nicht, gehörst auch du wahrscheinlich zu der großen Gruppe eher ungeduldiger Menschen. Und wenn man sich die Schnelllebigkeit unserer hochtechnisierten Welt so ansieht, ist es nicht verwunderlich, dass Ungeduld immer und überall stärker spürbar ist, obwohl oder gerade weil wir heutzutage so viel Zeit einsparen können. Wenn man früher einen Film sehen wollte, musste man sich zunächst auf den Weg in eine Videothek machen, dort vielleicht in aller Seelenruhe stöbern, den Film ausleihen, zurück nach Hause fahren und die Kassette in den Rekorder schieben. Heute dagegen reicht ein Knopfdruck bei Netflix und Co und wir ärgern uns schon, wenn einer davon länger als ein paar Sekunden dauert. Ob beim Coffee-to-go, Fertiggerichten oder der Blitzdiät – überall ist es scheinbar ein Gewinn an Lebensqualität, wenn wir keine Zeit verlieren. Dabei kann Ungeduld uns oder unserem Job durchaus schaden. Wer unfreiwillig auf etwas wartet, ist gestresst, handelt impulsiv, macht Druck und – noch schlimmer – andere empört oder gar wütend dafür verantwortlich.

Um erfolgreich zu sein, ist es natürlich nicht hilfreich, einfach bloß in den Tag hineinzuleben und die Hände in den Schoß zu legen. Doch das andere Extrem, nämlich in blinden Aktionismus zu verfallen, wenn etwas nicht so läuft wie erhofft, kann – wie oben beschrieben – schnell nach hinten losgehen und ins pure Chaos führen. Auch hier gilt es wie so oft, die richtige Balance zu finden. Gras wächst bekanntlich nicht schneller, wenn man daran zieht. Und es gibt immer wieder Umstände, die uns zwingen, Geduld aufzubringen, auch wenn dies womöglich nicht unseren Genen oder unserem Grundcharakter entspricht.

Auch diesbezüglich war ich das beste Beispiel, wie man es nicht machen soll. Ich habe schon viele dumme Dinge getan, weil ich zu stark unter Druck stand, oder umgekehrt, andere ebenso wichtige Dinge dadurch vernachlässigt wie etwa meine Gesundheit. Auch meinen Beziehungen habe ich früher zu wenig Zeit eingeräumt, obwohl sie die so nötige Kraft für die Ausdauer spenden. Ebenso von meinen Mitarbeitern habe ich mich aufgrund meiner Getriebenheit schon manches Mal zu stark entfernt, was Gift fürs Teamwork ist, weil dann Input und Erfahrungen nicht mehr ausgetauscht werden.

Doch die gute Nachricht ist, Geduld können sogar hartnäckige Fälle wie ich durchaus lernen, etwa indem man hinterfragt, wo diese Getriebenheit und dieser Druck überhaupt herkommen. Geht es um Ungeduld in alltäglichen Dingen, verbirgt sich dahinter oftmals mangelnde Zeit bzw. ein unzureichendes Zeitmanagement. Wenn ich zu spät aufstehe und dann noch in einen Stau gerate, ist es schließlich kein Wunder, dass ich nervös aufs Lenkrad trommele oder andere Verkehrsteilnehmer beschimpfe oder gar gefährde, sofern es denn weitergeht. Wenn ich dagegen von vornherein mehr Puffer einplane, kann ich mich in einer Zwangspause im Auto entspannt zurücklehnen und beispielsweise einen tollen Podcast hören, mit einem Freund am Telefon plaudern oder mindestens ebenso sinnvoll eine andere vielleicht wichtige Aufgabe dazwischenschieben, damit sie nicht irgendwann dringend wird und das Spiel von vorn losgeht. Eine Steuererklärung beispielsweise ist wichtig, wird aber erst auch zu einer dringenden Angelegenheit, wenn die Frist droht abzulaufen. Wenn wir es also schaffen, genügend Freiräume für solche Verpflichtungen zu schaffen oder spontan zu nutzen, werden wir sehr viel seltener in die Verlegenheit kommen, kurzfristig in Stress zu geraten.

Aber auch langfristig gesehen kann sich Geduld auszahlen, jedenfalls mehr, als wenn wir mit allem und jedem hadern. Etwa nachsichtig mit seinen Mitarbeitern zu sein, wird diese garantiert motivierter zu Werke gehen lassen. Auch Fehlinvestitionen lassen sich durch einen längeren Atem zwar nicht vermeiden, aber werden durch Bedacht und Sorgfalt umso unwahrscheinlicher. Bei dem sogenannten Marshmallow-Experiment zeigte sich schon bei Kindern, es ist vor allem eine Frage der Impulskontrolle, wer ausharren kann oder aber der schnellen Versuchung erliegt. Als die kleinen Versuchskandidaten gefragt wurden, ob sie lieber ein Marshmellow sofort haben oder aber abwarten und dafür ein weiteres bekommen möchten, konnten nur Charakterstarke widerstehen, die später mehr Erfolg im Leben hatten. Denn solche sind wahrscheinlich eher in der Lage, eine Situation umzudeuten oder aus einer anderen Perspektive zu betrachten. Wenn wir beispielsweise innerlich eine zu lange Wartezeit in eine sich steigernde Vorfreude verwandeln, ist schon viel gewonnen.

Ohnehin liegt auch beim Thema Ungeduld der Schlüssel darin, ihr mit Geduld zu begegnen, indem wir sie bewusst wahrnehmen, dann annehmen und ein vermeintliches Hinhalten durch andere nicht persönlich nehmen. Ein Bekannter, der grundsätzlich zu spät zu einer Verabredung kommt, tut dies sicher weniger, weil er uns schaden oder ärgern will, sondern weil er seine Planung nicht im Griff hat.

Doch wenn wir schon warten müssen, können wir sogar kleinste unverhoffte Auszeiten sinnvoll und sie als Geschenk nutzen, um ganz im Hier und Jetzt zu sein. Und so kann sogar das Schlange stehen oder Warten auf einen Kellner zum Vergnügen werden, weil wir in uns gehen oder einfach beobachten können. Oder wir schauen mal zurück, welche Etappen auf unserem Erfolgsweg bereits hinter uns liegen und würdigen sie, indem wir uns daran freuen. Und natürlich kann es nicht schaden, sich eine Belohnung für das Erreichen der nächsten Etappe zu überlegen und in das Gefühl einzutauchen, das sich einstellt, wenn wir sie bewältigt haben werden. Dies ist vor allem deswegen so wichtig, weil kurzfristige Erfolge zwar auch belohnt werden, aber oft lediglich mit einer Portion Glückshormone, für die wir alle allzu leicht empfänglich sind wie etwa beim Genuss von Schokolade. Dagegen spricht natürlich nichts, außer wir verfolgen ein längerfristiges Ziel, das dem entgegensteht. Die Frage lautet also: Hast du genügend Disziplin, um Nein zu den kleinen und Ja zu den großen Dingen zu sagen?

Eine letzte Anregung, wie wir uns in Geduld üben und unseren Weg leichter bewältigen können, ist, ins Vertrauen zu gehen. Ein Kind, das eine nahezu unlesbare Handschrift hat und deswegen droht, bei schulischen Leistungen zu versagen, wird aller Wahrscheinlichkeit nach eines Tages schöner und sicherer schreiben, wenn die Eltern es immer wieder ermuntern und betonen, wie sehr sie darauf vertrauen, dass es fähig und gut genug ist. Wenn wir vertrauen, lassen wir unsere Erwartungen los und schaffen es, wie oben beschrieben, den Druck rausnehmen bzw. gar nicht erst zu erzeugen. Genauso funktioniert es mit dem großen Ganzen: Wenn wir entspannt und besonnen an die Dinge herangehen und uns eine gewisse Gelassenheit bewahren, verwandeln wir unseren allzu oft mühsamen Weg in eine Spielwiese voller kleiner Abenteuer.

Fazit:

Erfolg haben wir nur, wenn wir durchhalten, ist aber nichts weiter als die Summe der kleinen Schritte, die wir täglich gehen.

6 | Deine Fokussierung

„Fokus bedeutet, zu 100 anderen Ideen Nein zu sagen.“

Kemal Üres

Allein über das Thema Fokus könnte ich ein ganzes Buch schreiben, weil meine Lernaufgabe diesbezüglich besonders groß war. Ich wollte immer alles auf einmal und sofort und war Meister darin, mich in Details zu verlieren und vollkommen zu verzetteln. Ich war so extrem im Außen unterwegs, dass ich das Wesentliche, nämlich mein Herz und meine Seelenaufgabe, nicht im Fokus hatte. Statt in die Tiefe, nach innen zu gehen, neigen wohl auch die meisten anderen dazu, getrieben immer etwas Neues zu probieren, um ja keinen Stillstand oder Stille zu riskieren. Dabei lösen wir dadurch nicht automatisch unsere Probleme, sondern riskieren im Gegenteil, sogar eine Baustelle nach der anderen aufzumachen. Wir verschleudern somit unsere Energie in alle Richtungen, investieren sie nur nicht dorthinein, wo es drauf ankommt.

So musste auch ich meine Lektionen lernen, wie ich meinen Fokus richtig ausrichte. Nach zwei Jahren, nachdem das *Daily You* einen Senkrechtstart hingelegt hatte, hatte auch ich einen Höhenflug. Statt mich weiterhin ums Tagesgeschäft zu kümmern, stand ich auf Bühnen, um Speeches zum Thema Unternehmensgründung zu halten. Investoren kamen auf mich zu und wollten sich durch Privat Equitys in mein Unternehmen einkaufen, was mir enorm geschmeichelt hat. Doch während ich mich aufgrund dieser Anerkennung im Erfolgshimmel wähnte, geriet in Wahrheit meine Basis in Gefahr. Ganze Teams sind in der Zeit meiner Abwesenheit zusammengebrochen. Der schnelle Erfolg erwies sich als nicht nachhaltig, weil er sich, wie oben beschrieben, nicht mehr organisch generierte. Daher war ich gezwungen, von der Bühne zurückzutreten und mich wieder auf das Kerngeschäft zu fokussieren, um weiterhin bestehen zu können.

Steve Jobs, der Mitgründer von Apple, sagte einst sinngemäß zu einem Interviewpartner auf die Frage, was das Geheimnis der unvergleichlichen Erfolgsgeschichte dieses weltverändernden Unternehmens ist: Alle die Produkte, die sie entwickelt hätten, passten auf einen kleinen Tisch. Er deutete dabei auf die kleine Fläche vor ihm, auf der gerade mal ein Telefon, ein Tablet und ein Notebook Platz hatten. Was er damit sagen wollte: Ein klarer Fokus, im Sinne einer Reduzierung auf den Kern, ist die beste Voraussetzung für Erfolg. Dazu gehört aber auch, alle anderen Dinge, die nicht zählen, ruhen oder außer Acht zu lassen. Wie ich es schließlich geschafft habe, meinen Fokus dauerhaft zu schärfen, erkläre ich in folgenden drei Punkten.

6.1 Fokus auf deine Seelenaufgabe

Auch wenn ich heute zutiefst erfüllt bin mit meinem Berufsleben, wurde bereits deutlich, dass mein Weg bis hierhin nicht gerade das reinste Vergnügen war. Im Gegenteil habe ich mir jahrzehntelang den Hintern aufgerissen, um ja meinen sehnlichsten Wunsch nach Erfolg und Anerkennung wahrzumachen. Weil ich von Haus aus nicht die Mittel für einen akademischen Abschluss hatte, blieb mir nach meiner kaufmännischen Ausbildung kaum eine andere Wahl, als mich selbstständig zu machen und so das erhoffte schnelle Geld zu verdienen. Zwar hatte ich früh gespürt, dass ich meine eigentliche Berufung nicht allein als Gastronom finden würde. Aber sie war für mich das ideale Lernfeld und beste Voraussetzung, um meiner Seelenaufgabe immer näherzukommen. Heute bin ich zutiefst dankbar, diese als Gastroflüsterer erfüllen zu dürfen, nämlich all die Mitstreiter da draußen zu motivieren, für ihren Erfolg in gesunder und nachhaltiger Weise einzustehen und ihr Leben dadurch lebenswerter zu machen.

Und obwohl ich trotz meiner steilen Karriere nie wirklich vollkommene innere Freude hatte an meinem Unternehmertum, wusste ich, es zahlt sich eines Tages aus, weil ich mit jedem Schritt in meine wahre Leidenschaft investiert habe. 25 Jahre sollte es dauern, bis ich endlich genau das tat, wofür mein Herz wirklich schlägt. Geschafft habe ich das nur, weil ich intrinsisch motiviert war, mein Warum kannte, also meine Werte, meiner Berufung langfristig gefolgt bin und gelernt habe, wie ich all dies durch die Etablierung kurzfristiger Gewohnheiten im Alltag möglich machen kann. Mein Weg als Unternehmer war daher nicht mehr, aber auch nicht weniger als die Grundlage für meine berufliche Erfülltheit. Durch sie habe ich mir die finanzielle Freiheit, aber auch die Erfahrung angeeignet, Unternehmer oder solche, die es werden wollen, bestmöglich zu unterstützen und tatsächlich auf Bühnen zu stehen, allerdings mit gewachsener, sicherer Grundlage. Als ich früher selbst bei Vorträgen mit unerfüllten Träumen im Publikum gesessen hatte, ging es mir sauschlecht, weil ich zwar gespürt habe, ich kann und will auch dort oben stehen und meine Zuhörer inspirieren und emotional bewegen. Doch ich war noch nicht so weit. Alles im Leben hat eben seine Zeit. Und besonders beim Thema Seelenaufgabe zeigt sich oft ganz deutlich, wie sich der Weg fügt, wenn man sie erst einmal konkret und wahrhaftig für sich definiert hat. Ist dieser Kanal einmal geöffnet, ergibt sich daraus immer ein nächster Schritt, solange wir das Ziel hinter dem Ziel im Blick behalten.

Immer mal wieder wird mir vorgehalten, ich würde mich gar nicht auf diese eine Sache fokussieren, weil ich viele verschiedene Dinge tue. Von außen betrachtet mag das so erscheinen. Aber tief in meinem Inneren ordne ich all diese Tätigkeiten meiner Seelenaufgabe unter. Mein Fokus kann zwar mal hier und da nach rechts oder links schwenken. Aber dennoch hat alles einen Zusammenhang, weil ich Menschen – und sei es meinen Mitarbeitern oder Franchisenehmern – zu wahrem Wachstum von innen nach außen verhelfe. Ich bin zutiefst dankbar und erfüllt, wenn sich damit Kreise schließen und vor allem auch meine Coaches von meinem bunten Erfahrungsschatz oder manchmal auch von meiner Unterstützung als Investor und strategischer Berater profitieren. Denn ich habe so ziemlich alle Stufen durchlaufen und weiß, wie es sich anfühlt, wenn man am Boden liegt und man trotzdem oder gerade deswegen von null auf hundert will.

Dafür jedoch müssen wir Opfer bringen. 500 000 Euro habe ich allein in Social Media als Gastroflüsterer investiert und knochenhart Videos am Fließband gedreht. Eine solche Bereitschaft dafür steht und fällt mit der Leidenschaft, mit der wir unserer Bestimmung folgen. Das muss auch nicht zwangsläufig im Berufsleben sein, sondern kann auch im privaten Rahmen ausgelebt werden. Doch wenn du deine Seelenaufgabe gefunden hast, gibt es keinen Plan B mehr und du möchtest nichts anderes mehr machen. Ist es allerdings zu schwierig für dich, den Fokus zu halten, könnte dies ein Hinweis darauf sein, dass du deine wahre Seelenaufgabe vielleicht noch nicht gefunden hast.

Wenn du dir folgende Leitfragen so ehrlich wie möglich beantwortest, kannst du deine wahre Seelenaufgabe für dich konkreter oder ganz neu definieren:

1. *Was würde ich tun, wenn ich vollkommen frei wäre?*
2. *Bei welcher Tätigkeit habe ich nicht das Gefühl, es sei Arbeit, weil die Zeit zu verfliegen scheint?*
3. *Wann erfüllt mich mein Tun mit so tiefer Freude, dass mein Herz zu hüpfen beginnt?*
4. *In welchen Situationen melden mir Menschen aus meinem Umfeld zurück, dass ich strahle?*
5. *Was würde ich auf dem Sterbebett bereuen, nicht getan zu haben?*

6.2 Des Glückes Tod ist der Vergleich

Kennst du auch dieses Gefühl der Unzulänglichkeit und Missgunst, wenn du auf Instagram und Co auf das scheinbar perfekte Leben der anderen blickst? Oder auf den Freund, die Nachbarin oder den Konkurrenten, weil sie vermeintlich mehr haben als du? Für Kinder ist es durchaus sehr sinnvoll, andere zu beobachten. Nur so beginnen sie nachzuahmen und können sich entwickeln. Tatsächlich würden wir nicht einmal laufen lernen, wenn wir niemanden hätten, dem wir nacheifern können. Vorbilder können natürlich auch für Erwachsene eine enorm positive Wirkung haben. Doch der direkte Vergleich lässt uns oft bloß minderwertig vorkommen und bringt uns auf unserem Weg keinen Schritt weiter – im Gegenteil.

Oft sehen wir bei anderen nur einen Aspekt, der womöglich tatsächlich „besser" ist als das, was man selbst hat. Es gibt immer Menschen im direkten Umfeld und erst recht in der Scheinwelt der Medien, die reicher, schöner oder sonst irgendetwas sind. Die einen haben eine glückliche Familie, die anderen strotzen vor Gesundheit und die nächsten haben das schickste Haus und überhaupt ist das Gras auf der anderen Seite immer viel grüner. Dabei wissen wir oftmals gar nicht, mit welchen Problemen sich all die Menschen herumschlagen oder welche Entbehrungen sie für ihr manchmal ja nur scheinbares Glück auf sich nehmen müssen. Es ist ja auch kein Geheimnis, dass die Social-Media-Welt oft nicht viel mit der Realität zu tun hat und trotzdem lassen wir uns nur allzu gern verführen von geschönten Fotos und gefakten Storys, weil sie uns an einen Ort der unerfüllten Sehnsüchte führen und doch nichts als Frust und Leere erzeugen.

Ich selbst bin auch nicht davor gefeit, mich von anderen blenden zu lassen und auch nicht, einen nicht ganz vollständigen Einblick in mein Leben zu gewähren. Das möchte ich auch gar nicht, schließlich sollte jeder von seinem guten Recht der geschützten Privatsphäre Gebrauch machen. Tatsächlich aber mache ich zunehmend die Erfahrung, je authentischer ich mich in der Öffentlichkeit zeige, desto wohler fühle ich mich und desto mehr Zuspruch bekomme ich auch. Ich bin zutiefst davon überzeugt, dass Menschen einander nur berühren können, wenn sie sich echt zeigen. Authentizität ist ein wahres Geschenk an sich selbst und für andere. Zudem ist es nicht zielführend, Äpfel mit Birnen zu vergleichen, weil jeder Baum bzw. jeder Mensch nun mal einzigartig und jeder auf seinem ganz eigenen Weg unterwegs ist. Wenn wir aber ständig nach rechts und links auf unsere vermeintliche Konkurrenz gucken, verlieren wir uns und unseren Fokus. Einer der erfolgreichsten Mentaltrainer der Welt, Tony Robbins, hat es auf den Punkt gebracht: „Energy goes where attention flows“, was bedeutet, dass alle Energie dorthin wandert, worauf wir unsere Aufmerksamkeit richten. Je stärker wir bei anderen sind, desto weniger sind wir bei uns selbst. Dabei sollten wir uns immer wieder fragen: Was will ich wirklich? Will ich wirklich das Leben eines anderen führen statt meine eigenen Wünsche und Träume zu realisieren, die mir voll und ganz entsprechen?

Viel sinnvoller ist es doch, sich auf die eigenen Etappen und Ziele zu konzentrieren und deswegen den allerersten Schritt in die Tiefe nach innen zu gehen, um sich genau darüber bewusst zu werden. Folgende Leitfragen helfen dir, bei dir selbst anzukommen und deinen Fokus aufs Wesentliche zu lenken:

Leitfragen:

1. *Wie authentisch bin ich heute?*
2. *Was wünsche ich mir für mein zukünftiges Leben aus vollem Herzen?*
3. *Welche nächsten Schritte sind nötig, um dorthin zu kommen?*
4. *Welche meiner Stärken helfen mir dabei?*
5. *Wie fühlt es sich an, wenn ich meine nächste Etappe oder gar mein Ziel erreicht habe?*

Fazit:

Das wichtigste Projekt, an dem du arbeitest, bist du selbst. Vergleiche dich nicht mit anderen, sondern nur mit dem Menschen, der du gestern warst.

6.3 Fokus im Alltag

Jeder in unserer modernen, hochtechnisierten Welt wird wohl bestätigen können, wie schnelllebig die Zeit geworden ist. Das wirkliche Präsent-Sein, die Aufmerksamkeit, die wir einem Menschen, einer Tätigkeit oder gar einem Produkt widmen, ist heutzutage die wichtigste Währung. Das gilt nicht nur für die Werbewirtschaft, in der jede Sekunde, jeder Klick bereits einen Wert an sich darstellt, sondern vor allem für uns selbst. Wir treffen mehr oder weniger unbewusst um die 20 000 Entscheidungen am Tag, wobei nahezu permanent Einflüsse von außen auf uns einströmen, die unser Denken und Handeln bestimmten, sofern wir nicht gegensteuern. Alles, was auf uns einprasselt, berieselt oder ablenkt, geht zulasten eines freien Geistes und der Produktivität. Doch statt uns bewusst abzuschotten von all den Meinungen, Versuchungen oder Optionen, versuchen wir gleich mehrere Dinge auf einmal zu tun, um wiederum ja keine Zeit zu verlieren oder in Stress zu geraten. Studien haben allerdings längst erwiesen, dass Multitasking zum einen gar nicht wirklich funktioniert, weil das Gehirn sich nur auf eine Sache konzentrieren kann. Zum anderen erreichen wir damit nicht mehr, sondern sogar weniger.

Und so stellt sich dann am Abend Frust und auch hier ein Gefühl der Unzulänglichkeit ein, weil wir nicht das geschafft haben, was wir uns eigentlich vorgenommen hatten. Statt unsere Ziele bewusst zu verfolgen, lassen wir uns allzu leicht treiben im alltäglichen Strudel der Zerstreutheit. Früher waren wir sehr viel weniger anfällig dafür. Wenn wir uns mit einem anderen Menschen unterhalten haben, waren wir ganz da und wären sicherlich nicht auf die Idee gekommen, das Gespräch einfach abzubrechen, weil ein anderer im wahrsten Sinne dazwischenfunkt. Heute ist es schon fast Standard, Anrufe auf dem Handy entgegenzunehmen oder eben wieder abzubrechen, ganz unabhängig davon, womit oder mit wem wir gerade zu tun haben. Das Priorisieren unserer Tätigkeiten wird durch all den technischen Fortschritt und die Digitalisierung immer schwieriger, wenn wir es nicht schaffen, uns zu fokussieren.

Aber auch das ist deine Entscheidung! Nicht mit irgendetwas beschäftigt, sondern produktiv zu sein, führt uns zu echtem Erfolg. Erst wenn wir vollkommen in eine Tätigkeit zurzeit eintauchen, kommen wir in den Flow und können sogar doppelt und dreifach so viel schaffen. Es gilt also, die Herausforderungen proaktiv anzugehen, statt sich reaktiv all den fremdbestimmten Einflüssen von außen zu stellen und dem Tag gefühlt ständig hinterherzulaufen. Deshalb gehört ein tägliches Fokussieren auf die wesentlichen Aufgaben zu den wichtigsten Skills eines Unternehmers.

Vor ein paar Jahren endlich habe ich den Quantensprung in meiner Entwicklung geschafft, indem auch ich gelernt habe, diese Erkenntnis in meine alltägliche Routine einzubauen. Jeden Freitag nehme ich mein Journal und meinen Kalender zur Hand, um den Fokus für die kommende Woche, also meine Teilziele, zu fixieren. Als wohltuendem Nebeneffekt ist es mir so viel einfacher möglich, am Wochenende wirklich und wortwörtlich abzuschalten, weil all die vielen Aufgaben nicht länger in meinem Kopf umherschwirren. Am Abend wiederum lege ich den Fokus für den nächsten Tag fest und nehme meine Notiz dazu auch mehrmals täglich zur Hand, um ihn im Blick zu behalten. Gleichzeitig nutze ich das allabendliche Ritual, um mir meine Erfolge bewusst zu machen und neue Ideen zu generieren. Mindestens genauso wichtig ist aber – wie bereits zu Beginn dieses Buches beschrieben –, ein Morgenritual zu etablieren, das mir die Ruhe und die Kraft gibt, mich mental auf meinen Tag einzustimmen. Denn der Anfang von Fokus ist das Atmen, das mir in meiner Meditation hilft, mich zu zentrieren und so eine Art Schutzschild gegen all die Widrigkeiten aufzubauen, die mich von meinem Fokus abbringen könnten.

Um diesen nicht zu verlieren und die Struktur, die dafür nötig ist, möglichst stabil zu halten, können dir folgende Anregungen helfen:

- Ablenkungen:
  Bereits 20 Minuten reichen, um bei einer Tätigkeit in den Fluss zu kommen. Um diesen nicht zu stören, solltest du möglichst alle Störfaktoren vermeiden bzw. stummschalten, wie etwa Benachrichtigungen auf dem Handy oder PC.

- Aufräumen:
  Ein geordneter Arbeitsplatz sorgt auch für Klarheit im Inneren und hilft dir ebenfalls, störende Reize zu vermeiden.

- Aufgaben:
  Jede deiner Verpflichtungen solltest du in deinem Kalender oder auf Listen fixieren, um sie aus dem Kopf zu verbannen.

- Absprachen:
  Auch Termine gehören natürlich in den Kalender und sollten so konkret geplant und klar kommuniziert werden wie möglich. So gehen erfolgreiche Menschen oft in Besprechungen rein und sagen gleich zu Beginn, dass sie eine Stunde Zeit haben, in der sie aber dafür voll da sind.

- Abstriche:
  Auch beim Fokussieren kannst du das Pareto-Prinzip anwenden und die gewonnene Zeit entsprechend viel sinnvoller nutzen. Das gilt für alle Lebensbereiche wie beispielsweise Qualitätszeit in Beziehungen, die Anzahl an Freunden, beim Ausmisten von Dingen oder im Sport. Weniger ist oft mehr, wenn wir wissen, worauf es uns wirklich ankommt.

7 | Deine Präsentation

„Auch wenn du als Mensch wertvoll bist,
überzeugst du andere von deinen Diensten nur dann,
wenn du auch verkaufen kannst."

Kemal Üres

Als Selbstständiger und Unternehmer muss man vor allem eines können: verkaufen. Dabei versteifen sich viele bei ihrem Gründungsweg auf ihr Produkt, doch die Frage, wie oder wie gut sie es anbieten oder auch wie sie sich selbst dabei sichtbar machen, rückt oftmals zu sehr in den Hintergrund oder wird als notwendiges Übel abgetan. Natürlich sind Verkaufstalente ungleich verteilt und nicht jedem ist in die Wiege gelegt, laut und gut trommeln zu können. Doch jede noch so originelle Geschäftsidee, sinnvolle Dienstleistung oder jedes noch so geniale Produkt ist letztlich nichts wert, wenn wir es nicht verstehen, es auch anzupreisen. Zudem werden Geschäfte zwischen Menschen gemacht. Wenn ein Kunde oder Auftraggeber beim Produkt oder einer Dienstleistung die gleiche Qualität bekommt, wird wahrscheinlich die Persönlichkeit des Anbieters den Ausschlag geben.

Die gute Nachricht für all diejenigen, die sich mit ihrer Präsentation schwertun, ist: Ein guter Verkäufer zu werden, kann jeder lernen, wie es auch bei anderen Berufen möglich ist, sich durch theoretische Leitfäden und praktische Übungen vom Anfänger zum Profi zu entwickeln. Ein erster wichtiger Schritt dorthin könnte sein, das Thema Verkaufen zunächst mal von seiner negativen Konnotation zu befreien und aus einer anderen Perspektive zu betrachten.

Für mich persönlich steht das Verkaufen nicht nur in einem positiven Kontext, sondern es ist sogar meine Leidenschaft, was ich selbst lange Zeit gar nicht wusste. Erst als ich in einem Interview einmal gefragt wurde, was mich eigentlich zu meinen Zielen geführt hat, war meine spontane Antwort: Ich kann Menschen von meiner Vision überzeugen und in deren Kopf die passenden inneren Bilder erzeugen. Für mich bedeutet verkaufen also, andere für etwas zu begeistern. Auf diese Weise habe ich für all meine Projekte die passenden Menschen gewinnen können. Und je näher ich dabei meinem Wesenskern kam und mich entsprechend gegeben habe, desto stimmiger erwiesen sich auch meine Kontakte, die ich dadurch anzog und die mich wiederum ein Stück weiterbrachten. Ich sehe mich also weniger als reinen Gastronom oder Unternehmer, sondern in erster Linie als leidenschaftlichen Verkäufer, der Menschen einfangen und gewinnen kann. Und daran kann ich nichts Schlechtes erkennen, da ich der Meinung bin, dass wir uns alle ohnehin tagtäglich anderen gegenüber präsentieren. Und wenn wir schon unser Selbst in irgendeiner Weise anbieten, dann sollten wir es richtig tun – nämlich so offen, ehrlich und echt wie möglich.

7.1. Verkaufe dein authentisches Ich

Kaum ein Begriff hat so eine wachsende Verwendung wie der der Authentizität. Die Sehnsucht danach ist in unserer virtuellen Scheinwelt größer denn je, was angesichts der vielen geschönten Fotos und gefakten Fakten kein Wunder ist, wie wir bereits festgestellt haben. Und in manchen Augen scheint das Schlagwort „Verkaufen" nicht mit Authentizität vereinbar zu sein, sondern sogar im Widerspruch zu stehen.

Das beginnt bereits damit, dass vielen nicht klar ist, wie oft wir uns „verkaufen". Ob bei den Schwiegereltern, Nachbarn oder eben Kunden und Geschäftspartnern – im Grunde präsentieren wir uns anderen in sehr viel mehr Lebenslagen, als uns bewusst ist. Dabei spüren wir umgekehrt recht schnell, wie echt uns jemand begegnet, also ob er sich verstellt, etwa indem er sich in leeren Höflichkeitsfloskeln verliert oder sogar schwindelt. Und auch bereits anhand der Körperhaltung oder Kleidung können wir in Sekundenschnelle ablesen, wie authentisch uns gegenübergetreten wird. Und wir selbst fühlen uns genauso unwohl, wenn wir in eine Rolle schlüpfen, was ungleich mehr Energie kostet, als wenn wir uns einfach so geben, wie wir auch wirklich sind. Wenn wir aber genau das tun, spürt das auch unser Gesprächspartner – oder eben Kunde – und fühlt sich ebenfalls gleich viel wohler, weil er weniger Grund hat, uns zu misstrauen. Vielleicht findet er sich sogar in uns wieder, wenn wir als menschlich wahrgenommen werden.

Wenn wir beispielsweise einsteigen mit einer persönlichen Bemerkung, etwa dass wir schlecht geschlafen haben, lockert das sofort die Stimmung und baut eine Brücke. Öffnen wir uns zuerst, öffnet sich oft auch der andere viel leichter – die Unterhaltung wird tiefer und die gesamte Gesprächsqualität besser. Hast du es auch schon auf Partys beobachtet? Jemand betritt einen Raum, geht gewinnend und offen auf andere zu und schon sind ihm die Leute zugewandt und er hat ihre volle Aufmerksamkeit. Somit wäre er auch ein guter Verkäufer – nicht zuletzt seiner selbst.

Aber Achtung, es gibt eine goldene Regel: Beim Verkaufen sollten wir überzeugen, statt zu überreden. Und dazu gehört, nicht zu plappern, sondern etwa zwei Drittel eines Verkaufsgesprächs darauf zu verwenden, aktiv zuzuhören. Das bedeutet zum Beispiel, nicht ständig bloß über die Vorzüge eines Produktes zu reden, sondern darüber, wie es dem Kunden helfen könnte, ein Problem zu lösen oder ein Bedürfnis zu stillen. Denn das Kaufmotiv eines Kunden generiert sich entweder durch Schmerz oder die Sehnsucht nach Befriedigung. Deswegen sollten wir mindestens ein Drittel der Unterhaltung darauf verwenden, Fragen zu stellen, idealerweise offene, um den Bedarf noch genauer zu ermitteln und auch, mit welchem Typ Kunden wir es zu tun haben, also ob er beispielsweise eher emotional oder rational unterwegs ist. Durch Nachfragen und geschlossene Fragen – also jene, die man mit Ja oder Nein beantworten kann – untermauern wir dann dessen Anliegen, bevor wir ein entsprechendes Angebot machen und ggf. in der sogenannten Einwandbehandlung eine neue Kommunikationsschleife drehen. Und nicht zuletzt sollte man seinen Kunden auf Augenhöhe und mit Fingerspitzengefühl begegnen. Sie haben, wie wir selbst auch in der Kundenrolle, ein sehr feines Gespür dafür, wer oder was wirklich echt ist und wer oder was nicht.

Ich habe es schon früh verstanden, Werbung in eigener Sache zu machen, etwa indem ich öffentlich über meine Erfolge gesprochen habe. Aber so richtig funktioniert hat es erst, als ich dabei voll und ganz authentisch war. So hatte ich beispielsweise auf Instagram plötzlich 500 Prozent mehr Follower, als ich aufgemacht und begonnen habe, offen über meine Depressionen zu berichten. Dies ist zwar nur ein Beispiel, wie Wahrhaftigkeit im Netz belohnt wird, zeigt aber, wie wohltuend und wichtig es ist, unsere Wahrheit zu sprechen. Erst wenn wir um diese wissen, ist es sinnvoll, sich dafür einen passenden Kanal zu suchen. Wenn wir wirklich voll und ganz zu etwas stehen, ist es nur gut und richtig, Social Media als Verstärker zu nutzen, um unseren Mehrwert für die Gesellschaft ins rechte Licht zu rücken.

Fazit:

Auch wenn der falsche Glaubenssatz „Es gehört sich nicht, sich anzupreisen" weit verbreitet ist, sind wir in unserer Einzigartigkeit ein Geschenk für die Welt. Wir sind nicht hier, um jemand anderes zu sein oder etwas darzustellen, sondern um unserer Seelenaufgabe nachzugehen oder unseren Beitrag zum großen Ganzen zu leisten. Das gelingt dir aber meist nur dann, wenn du wirklich echt bist.

7.2 Werde sichtbar und Social-Media-tauglich

Wer ein zeitgemäßes Business führen will, kommt an der Digitalisierung und zumeist an sozialen Medien nicht vorbei. Sie sind die Bühne, auf der wir uns präsentieren können. Und genauso wie auf allen anderen Bühnen auch ist es harte Arbeit, so gut zu performen, dass das Publikum auch zuhört, Beifall klatscht und die Show weiterempfiehlt. Auch hier gilt, wenn wir uns dabei maximal authentisch zeigen, kommen Glück und Erfolg zusammen. Drei wesentliche Aspekte, „Die drei Cs", sind zu beachten, wenn man als Unternehmer nachhaltig digital sichtbar sein will:

1. Content:
   Um für deine Follower wirklich relevant zu sein, sollten deine geposteten Inhalte einen echten Mehrwert bieten. Je größer der Impact für deine Nische ist, desto mehr wirst du wahrgenommen und wertgeschätzt.

2. Community:
   Dein Ziel sollte es sein, deine Follower langfristig an dich und dein Business zu binden. Ähnlich wie Stammgäste in einem Lokal oder Fans eines Vereins bildet deine Community den Kern, der sich stetig weiter ausbauen lässt und für Feedbacks und Empfehlungen wertvoll ist. Insbesondere die persönliche Interaktion über direkte Nachrichten ist dabei überaus wertvoll.

3. Consistency:
   Und schließlich gilt es, bei YouTube, Instagram, TikTok und Co beständig seine Accounts zu pflegen und die Kanäle mit einer hohen Schlagzahl, das heißt immer und immer wieder in kurzen Abständen zu bestücken, idealerweise so, dass du und dein Business stets unverkennbar und deine Werte repräsentiert sind und auch oder erst recht dann, wenn es mal nicht so laufen sollte.

Fazit

Ab und zu ein Foto oder Video zu posten, reicht heutzutage nicht aus, um erfolgreich digital sichtbar zu sein. Dies wird dir erst dann nachhaltig gelingen, wenn du relevante Inhalte mit deinen Followern teilst, du dir eine Community aufbaust und diese aktiv und beständig pflegst.

7.3 Polarisiere beim Posten

Als ich vor etwa sechs Jahren Instagram für mich entdeckt habe, hat es mir meinen Werten entsprechend viel gegeben, viel Anerkennung für meine Postings zu bekommen. Es bereitete mir bereits von Beginn an einfach Freude, mich in meinem Erfolg zu sonnen und meine Follower dadurch zu inspirieren, an ihren Karriereträumen festzuhalten. Viele in meinem privaten Umfeld allerdings rieten mir davon ab und sagten, als gestandener Geschäftsmann zeige man schließlich nicht, was man hat, und mit hanseatischem Unterstatement sei eine solche Angeberei auch nicht vereinbar. Ich habe trotzdem weitergemacht und einmal sogar ohne jede Scham und Scheu, aber voller Stolz meine neueste Errungenschaft, ein Auto im Wert von knapp 200 000 Euro, präsentiert – als meine wohlverdiente Belohnung für einen sehr harten und sehr langen Arbeitsweg. Neben bewundernden Kommentaren ließ der Shitstorm nicht lange auf sich warten. Es gab etliche Reaktionen, die mich zwar getroffen, aber zu folgenden Zeilen als ehrliche Stellungnahme herausgefordert haben:

Ich habe bezüglich meines Entwicklungssystems „von innen nach außen" viele tolle Nachrichten erhalten – dafür danke ich jedem einzelnen.

Die Reise wird auch weitergehen, ich werde so viele Bühnen damit bespielen, wie ich nur kann, ebenso erscheint bald mein Buch zu diesem Thema. Alles an Wissen, was ich von mir gebe, baut auf meiner 20-jährigen Erfahrung als Unternehmer auf. Ich bin der festen Überzeugung, dass man die gelebte Erfahrung braucht, um wirklich sein Handwerk zu verstehen. Bücher, Seminare und Coaches sind eine gute und wichtige Unterstützung dazu, ersetzen aber niemals das operative Machen an der Front.

Aber nun zu dem Eigentlichen, was ich schon lange mal loswerden möchte:

Mich haben vereinzelt auch Messages erreicht, wie: „Du predigst ‚Tiefe' (innen nach außen), stellst aber deinen Luxus zur Schau – das passt doch gar nicht zusammen!"

Ich liebe Luxus! ... Autos, tolle Restaurants, Hotels und auch Fashion. Das war schon immer so, wird sich in diesem Leben auch nicht ändern. Ich mache inzwischen aber nicht mehr mein Glück davon abhängig oder ziehe mein Selbstbewusstsein daraus – was einen entscheidenden Unterschied darstellt.

Warum kann „Tiefe“ nicht neben „Luxus“ existieren – wer sagt so was? Warum kann man nicht, wenn man es sich leisten kann, sich das gönnen, was man möchte? Warum ist es Oberfläche, seinen Erfolg auch zu genießen und auszuleben, indem man Dinge macht oder kauft, die einem Freude bereiten?

Meist, so bin ich mir sicher, rühren solche Reaktionen aus eigener Unzufriedenheit. Weil man selbst nicht den Mut hat, etwas im Leben zu bewegen oder den Arsch nicht hochbekommt. Es ist viel leichter, über andere zu urteilen, um sich selbst besser zu fühlen, statt mal anzupacken und die Extrameile im Leben zu gehen.

Ich werde auf jeden Fall weiter meinen Lifestyle hier posten – denn auch das bin ich, auch das ist authentisch und somit von „innen nach außen“! Mein Tipp: Konzentriert euch auf euer Leben und schaut, dass ihr vorwärtskommt, statt bei anderen nach Fehlern zu suchen.

Die Resonanz für diese klaren Worte war enorm – über 150 positive Nachrichten haben mich dazu erreicht, obwohl oder weil ich mit meinem Post extrem polarisiert habe. Diese Erfahrung hat mich weiter dazu ermutigt, mich immer so authentisch wie nur möglich zu zeigen, auch wenn ich dadurch Gefahr laufe, bei anderen anzuecken. Doch letztlich sind es genau jene mit Ecken und Kanten, die gesehen werden. Schon in der Schule waren die Coolen die, die gesagt haben, was sie denken. Die Mädchen hatten die nur Netten als Kumpel – und die anderen haben sie bewundert.

Evolutionär betrachtet, mögen wir angepasst in einer homogenen Gruppe sicher aufgehoben gewesen sein. Und auch heute noch werden wir dazu erzogen, uns anzupassen. Doch als Leitfigur muss man herausstechen. Die meisten erfolgreichen Menschen stehen zu oder für etwas, was die Gemüter erhitzt oder die öffentliche Meinung spaltet. Helene Fischer etwa finden ein Viertel aller Deutschen nervig, sie ist aber die erfolgreichste Sängerin Europas. Nörgler und Neider gibt es immer. Aber echte Fans folgen einem, weil man sich genau als derjenige offenbart, der man auch ist, oder danach strebt, seine Wahrheit rauszulassen.

Wenn du Erfolg willst, musst du dich zeigen und dir einen Kanal, einen Multiplikator suchen, damit es Menschen da draußen erreicht und sie im Inneren berührt, und ohne Social Media geht es nicht. Deswegen fing ich an, alles zu dokumentieren, was ich getan habe. So habe ich auch aus meinen Speeches viele einzelne Takes gepostet, die auf große Resonanz stießen. Dass manche Skeptiker aus meinem Umfeld es inzwischen genauso machen, bräuchte ich eigentlich nicht zu erwähnen. Hätte ich mit all dem tatsächlich hinterm Berg gehalten, wüsste kaum jemand etwas über den Mehrwert, den ich einbringen kann, und sei es, dass ich andere auf ihrem Weg dazu inspirieren kann, ihren ganz eigenen zu gehen.

Zwar haben wir alle Angst, vorschnell verurteilt oder gar abgelehnt zu werden, angesichts unseres urmenschlichen Bedürfnisses, geliebt zu werden. Doch wenn du echten Erfolg willst, musst du dich ganz individuell und unangepasst positionieren. So forderst du zwar Urteile und Haltungen über dich heraus, aber gehst nicht im Mainstream der Beliebigkeit unter, die weder dir noch anderen nützt.

Das gilt im Übrigen auch für innovative Ideen. Als die Gründer von „My Müsli" ihr Konzept zunächst ihrem Umfeld vorgestellt haben, stießen sie auf wenig Begeisterung, aber viel Ablehnung, weil die Mehrheit null Chancen auf Erfolg gesehen hat. Und genau an diesem Punkt wussten die Jung-Unternehmer: Das ist es! Die Innovation hat sich sehr erfolgreich durchgesetzt – genauso wie früher auch bahnbrechende Erfindungen wie das Dampfschiff oder Auto zunächst als typische Reaktion geteilte Meinungen provoziert haben, bevor sie die Welt veränderten.

Fazit:

Nur wenn du dich authentisch zeigst, wirst du zum unverwechselbaren Original. Auch wenn negative Stimmen zur Schattenseite des Erfolges gehören, schärfst du durch eine klare Positionierung und die damit verbundene Polarisierung nicht nur dein Profil, sondern schaffst auch Vertrauen. Denn viele Menschen lassen sich durchaus gerne inspirieren durch andere Sichtweisen aufs Leben, die ihnen Mut machen oder einen Erkenntnisgewinn verschaffen.

7.4 Erzähle in Geschichten

Schon als ich ein kleiner Junge war, habe ich es geliebt, Leute bei Laune zu halten, indem ich irgendwelche Storys zum Besten gegeben habe. Das passierte natürlich mehr oder weniger ohne irgendein bewusstes Motiv dahinter. Ich genoss es einfach, die Aufmerksamkeit auf mich zu ziehen, wenn ich Anekdoten aus meinem oder dem Leben im Allgemeinen ausschmückte und dabei in irgendeiner Form Beifall bekam und sei es bloß als Lacher. Mehr und mehr habe ich die Erfahrung gemacht, wie leicht es mir fällt, andere in den Bann zu ziehen, und ich werde den Verdacht nicht los, inzwischen so manches Mal allein deswegen eingeladen zu werden, um Geschichten wie die über unseren Familien-Hamster Alfred zu erzählen.

Dessen Röcheln hatte mich eines Nachts geweckt und sofort in Alarmbereitschaft versetzt. Wie sich herausstellte, hatte er ein Stromkabel angenagt und ist wenige Stunden später quasi auf dem OP-Tisch einer Notdienst-Praxis unter meinen Händen und Tränen weggestorben. Der Tierarzt konnte nichts mehr tun, außer zu versuchen, meinen Schmerz und die Angst vor Überbringung der Hiobsbotschaft an meine Tochter zu lindern, indem er mir die Wahl überließ: Standard- oder Premiumbestattung! In meiner geistigen Umnachtung war die Vorstellung tatsächlich sehr tröstlich, das dahingeschiedene Familienmitglied in Ehren mit einer würdevollen Zeremonie zu verabschieden, die den schweren Verlust zwar nicht rückgängig, wohl aber ein kleines bisschen erträglicher machen würde. Vor meinem geistigen Auge sah ich hochwertige Einladungskarten mit Seidenpapier zur Trauerfeier an ausgewählte Gäste und einen handgeschnitzten Sarg mit Grabstein, der unserem geliebten Hamster gerecht würde. Doch am Ende war ich um 380 Euro ärmer und eine Erfahrung reicher, weil ich natürlich nie wieder etwas über Alfreds tatsächlichen Verbleib erfahren habe.

Warum ich solche Geschichten erzähle? Weil sie unterhaltsam sind und ich damit bei geschäftlichen wie privaten Treffen für gute Stimmung sorge, da Lachen die Menschen verbindet und ihnen ein gutes Gefühl gibt. Und das allein deswegen, weil ich mehr mitteile als die bloße Tatsache: „Der Hamster ist tot!“

Der Punkt ist: Wir faszinieren unsere Zuhörer, wenn wir sie emotional berühren, etwa auf humorvolle oder traurige Weise. Nichts anderes versucht die Werbung, die oftmals gleich ein ganzes Lebensgefühl vermitteln will, auch wenn es sich bei dem angepriesenen Produkt bloß um ein Auto oder einen Coffee-to-go handelt. Mir geht es aber um etwas anderes. Ich bin, wie beschrieben, beseelt von dem Gedanken, andere auf ihrem Weg zu inspirieren und liebe es wiederum, von anderen inspiriert zu werden. Und das funktioniert am besten durch bildhaftes Erzählen. Der Dropbox-Gründer Drew Houston zum Beispiel sagte einmal, wenn er seinem 22-jährigen Ich einen Spickzettel mit Ratschlägen für sein Unternehmertum zustecken könnte, würde er diesen mit einem Tennisball, einem Kreis und der Zahl 30 000 versehen. Der Tennisball steht symbolisch für alles, was mit wahrer Begeisterung zu tun hat, weil er dabei an seinen lebensfrohen Hund denken muss, der wie besessen ist, wenn er mit einem solchen Ball spielt. Der Kreis steht für die engsten Menschen im Umfeld, die einen begleiten und somit prägen, und die Zahl für die Anzahl der Tage, die am Lebensende eines rund 80-Jährigen hinter ihm liegen. Die Intention hinter dieser Geschichte liegt auf der Hand: Sie soll zum bewussten Leben voller Leidenschaft mit liebenswerten Menschen anhalten, weil unsere Zeit auf diesem Planeten nun mal endlich ist, und sie brennt sich deswegen so tief ins Gedächtnis ein, weil sie in Metaphern prägnant erzählt ist.

Wenn ich etwa als Chef meiner Mannschaft vermitteln muss, dass zu schnelles Wachstum auch Risiken birgt, nutze ich dafür gerne das Bild eines Busses, der nur dann ins Ziel kommt, wenn auch die richtigen Leute einsteigen. Das beste Navi nützt nichts, wenn es keinen Fahrer gibt, der es kompetent zu nutzen weiß. Und es mag auch manchmal sinnvoll sein, die Posten während der Fahrt umzuverteilen, um besser voranzukommen. Die Kernaussage ist, nachhaltiger Erfolg ist nur und erst dann möglich, wenn ein passendes Team steht – und das benötigt Zeit. Sitzen irgendwann die Richtigen im Bus, wird er auf jeden Fall ankommen, auch ohne weitere Hilfsmittel.

Wenn du mir bis hierhin gefolgt bist, wirst du dich auch an die Anekdote zum Start meines Online-Shops erinnern, mit der ich geschildert habe, wie ich mich mit Dollarzeichen in den Augen am Strand von Dubai bereits wie Steve Jobs gefühlt habe, als die erste Bestellung reinkam und ich vor Freude tanzte ... bis mein Koch mich als Idiot entlarvte, weil ich Produkte ins Angebot genommen hatte, die es bis dato gar nicht gab und ich daher klammheimlich der Konkurrenz abluchsen musste. Viel wichtiger als der eigentliche Inhalt dieser Story ist natürlich ihre *Message*, in diesem Fall nämlich, lieber unperfekt zu starten als gar nicht. Und sie bleibt deswegen länger in den Köpfen hängen, weil ich auch hiermit ein paar Lacher generiere.

Aber in dem Thema *Storytelling* steckt noch so viel mehr, wie auch das bewegende Beispiel meiner befreundeten Autorin Sofie Cramer zeigt, die mich zum Schreiben inspiriert und unterstützt hat. Als sie Anfang 30 war und gerade ihre Hochzeit plante und eine Familie gründen wollte, verlor sie auf tragische Weise ihren Freund. Durch ihren Roman „SMS für dich" hat sie sich nicht nur ihren Schmerz von der Seele geschrieben, sondern auch einen Bestseller gelandet, der sowohl fürs deutsche Kino verfilmt und prominent besetzt wurde als auch inzwischen als Remake den Weg nach Hollywood geschafft hat. Und so hat sie auf wundersame Weise ihr eigenes Leben im wahrsten Sinne neu geschrieben, weil sie seither nicht mehr allein die Frau mit dem toten Verlobten war, sondern eine neue, gewachsene Identität gefunden hat.

All diese Beispiele sollen aufzeigen, wie unterschiedlich sich unsere Wahrheiten und Sichtweisen vermitteln lassen. Jeder von uns hat schließlich seine ganz eigene Geschichte, die wir als Autor unseres Lebens jeden Tag selbst schreiben und weitergeben können. Und natürlich ist es legitim, fiktive Elemente hinzuzuspinnen oder Nacherzählungen bunt auszuschmücken. Doch die beste Geschichte hat keinen Wert, wenn du dich nicht voll und ganz mit ihrer Botschaft identifizieren kannst. Auch hier gilt, je authentischer du dich präsentierst, desto einfacher fällt es dir, andere emotional einzufangen und auch, dich in die Rolle einzufinden, die dir das Schicksal zugedacht hat: nämlich du selbst zu sein!

Egal, was du erzählen möchtest oder ob im Business- oder Privatleben: Frage dich, welche Geschichten wirklich zu dir gehören und für welche Themenfelder sie geeignet sind. Zwei, drei persönliche Anekdoten reichen bereits, um dein Gegenüber jeweils für dich einzunehmen und dazu einzuladen, sich zu öffnen.

Fazit

Das Erzählen von Geschichten ist seit Jahrtausenden etabliert, um Alltagsbegebenheiten und Abenteuer oder auch Werte und Normen von einem zum anderen weiterzugeben. Es gibt kaum einen Sachverhalt, den man nicht spannend verpacken könnte, und im Falle der Ansprache von Kunden und Mitarbeitern ist eine bildhafte Sprache sehr viel effektiver als das reine Aneinanderreihen von Fakten. Viel wichtiger als deine Technik allerdings ist der Inhalt deiner Erzählungen, die immer einen wahren Kern haben oder deiner Persönlichkeit entsprechen sollten.

8 | Deine Kraftquellen

„Wir müssen von Zeit zu Zeit eine Rast einlegen und warten, bis unsere Seelen uns wieder eingeholt haben."

Indianische Weisheit

Wenn sich mein Weg rückblickend auch als eine Erfolgsstory lesen mag, möchte ich an dieser Stelle doch noch einmal betonen, dass es nahezu 25 Jahre gedauert hat, bis ich quasi über mich hinausgewachsen bin, indem ich nicht nur mein Schicksal mit all den Höllentrips angenommen habe, sondern es ebenfalls als Autor meines Lebens endlich selbst in die Hand nahm – mit so viel mehr Liebe, Dankbarkeit und Demut. Zuvor hatte mich kein einziger meiner früheren Höhenflüge in irgendeiner Form getragen oder gar erfüllt. Klar hat es mir einen Kick gegeben, wenn die Zahlen stimmten oder ich Anerkennung im Job erntete, die ich mir so mühsam erarbeitet habe.

Aber der Preis für diese kurzzeitige Befriedigung war nicht nur viel zu hoch und mündete in Depressionen, weil ich meine Kraftquellen ignoriert habe. Ich hatte auch in die falsche Richtung investiert – nämlich allein in meine äußere Welt. Als diese erschüttert wurde, weil das Fundament nicht stabil genug war, bin ich buchstäblich zusammengebrochen und musste das erste Mal in meinem Leben wirklich nach innen schauen, um mich selbst und die Ursachen meiner Getriebenheit zu erkennen. Und erst als ich durch den Schmerz hindurch und in die Heilung meiner am tiefsten sitzenden Wunden gegangen bin, war es mir möglich, die Sicherheit in mir selbst zu generieren und meine unversiegbaren Kraftquellen für mich zu nutzen.

In kleinen Schritten fand ich mehr und mehr Halt, der mir seither die Stärke gibt, meinen Weg nicht nur viel aufrechter, sondern vor allem auch leichter zu gehen, so, als sei ich geleitet von einer höheren Macht, die immer mehr Menschen als göttliche Energie bezeichnen würden. Ganz gleich, ob wir diese Energie aus der religiösen oder wie ich der spirituellen oder gar der rein physikalischen Perspektive betrachten, ist sie für jeden spürbar, der bereit ist, sich wahrhaftig zu öffnen und sich von dieser magischen Kraft berühren und führen zu lassen.

Zuvor habe ich viel zu viel davon verloren und sogar auch Zeit, weil ich dem Irrtum aufgesessen bin, dass Stress einfach bloß das leidige Nebenprodukt des Karrieremachens sei. Und wenn du auch das Gefühl hast, du bist dir selbst noch nicht wahrhaftig begegnet oder hast dich zu weit von dir entfernt, um voll in deine Kraft zu kommen und deine ganz eigenen Wunder zu vollbringen, ist dies ein klares Zeichen, etwas zu ändern. Dafür möchte ich dir gerne zum Schluss Praktiken ans Herz legen, die dich ganzheitlich mit dir und deinem Leben in Einklang bringen.

8.1 Körper

Auch wenn ich heute ein grundlegend anderes, viel bewussteres Leben führe als früher in meinem Hamsterrad, muss ich immer wieder Korrekturen vornehmen. Besonders das vergangene Jahr hat mir diesbezüglich eine weitere schmerzhafte Lektion erteilt, als ich aus dem Gleichgewicht geraten war. Und das wortwörtlich, als ich urplötzlich ein unangenehmes Kribbeln in meinen Beinen verspürt habe. Wie sich nach einer monatelangen Untersuchungsodyssee endlich irgendwann herausgestellt hat, leide ich unter einer sogenannten Neuropathie. Ohne mich in medizinischen Details verlieren zu wollen, versteht sich auch so, dass diese Nervenerkrankung eine wichtige Botschaft für mich bereithält: Ich hatte mich einmal mehr übernommen und die ersten Warnsignale meines Körpers ignoriert. Trotz Schmerzen und schlafloser Nächte habe ich mein alltägliches Programm voll durchgezogen, bis schließlich gar nichts mehr ging und ich gezwungen war, mehr Zeit in Kliniken zu verbringen als zu Hause.

Wenn der Körper nicht funktioniert, schaffen wir es auch geistig kaum, den Fokus zu behalten. Unseren Tempel zu schützen und zu pflegen, ist das größte Kapital – wird aber leider allzu oft als überaus wichtige Aufgabe übersehen und damit schnell zu einer dringenden, die manchmal weit mehr Zeit, Geld und Energie kostet als die Prävention an sich. Dabei kann die körperliche Zuwendung viel mehr sein als der Versuch, sich gesund zu erhalten. Wir werden auch mental fitter und haben im Ganzen mehr Power und Willensstärke, um aufrecht und selbstbewusst unseren Weg zu gehen.

In meiner tiefsten Depression, nachdem monatelang gar nichts mehr ging, habe ich mich eines Tages gezwungen, meine Lethargie zu überwinden. Zwar in buchstäblich kleinen Schritten, aber dies konsequent, indem ich mir immer wieder mantramäßig bewusst gemacht habe, wie viel besser ich mich nach einem täglichen Spaziergang fühle. Daraus folgte irgendwann wieder richtiger Sport, aber nicht wie zuvor, wo es mir vor allem um gutes Aussehen gegangen war. Ich hatte endlich leibhaftig erfahren, wie eng der Körper mit der Seele verbunden ist und dass es keinen Sinn hat, mich der übertriebenen Sucht nach Arbeit, Nikotin oder Alkohol hinzugeben. Durch den konsequenten Verzicht auf solche Genussmittel habe ich mich gefühlt auf eine ganz neue Umlaufbahn gebracht.

Wenn wir gut zu uns sind und unsere körperlichen Bedürfnisse ernst nehmen und uns mehr bewegen, steht uns der Sinn nahezu automatisch auch nach gesünderer Ernährung. Wir bauen nicht nur Stress ab und heben unsere Stimmung, sondern üben uns auch in Selbstachtung. Doch die Frage, wie sinnvoll wir unsere Ressourcen wirklich einsetzen, ist im Alltag ohne bewusstes Zurücktreten kaum möglich. Manchmal ist es vielleicht nur der innere Schweinehund, der durchaus auch mal seine Berechtigung haben kann. Aber allzu oft sehen wir den Wald vor lauter Bäumen nicht, wovon auch die anschauliche Geschichte des Forstarbeiters erzählt. Der ist so sehr mit dem Fällen von Bäumen beschäftigt, dass er sich nur ungern stören lässt, als er von einem Spaziergänger gefragt wird, warum er nicht seine Säge schärfe. Der Baumfäller entgegnet, er habe keine Zeit dafür, er sei schon seit Stunden dabei, sein Pensum zu schaffen – obwohl er mit einer gut geschliffenen Säge sehr viel weniger Zeit und Energie aufwenden müsste.[3]

Fazit:

Die Investition in dein körperliches Wohlergehen ist nicht nur Voraussetzung für psychische Stabilität, sondern zahlt sich auch unmittelbar auf dein Erfolgskonto aus. Und umgekehrt ist jeder Erfolg wertlos, wenn unsere körperliche Verfassung nicht ausreicht, um ihn ausleben und genießen zu können. Wenn du in der Welt etwas bewegen willst, musst du dich selbst bewegen. Nur wenn du mit dir und deinem Körper im Einklang lebst, bist du voll in deiner Schöpferkraft und an der Quelle, um deine Seelenaufgabe erfüllen zu können.

3 Zitiert nach: Jorge Bucay: Komm, ich erzähl dir eine Geschichte (Fischer, 2008)

8.2 Geist

Als ich Anfang zwanzig war, wollte ich unbedingt den schnellen Erfolg, weswegen ich nie eine Universität besucht habe. Meine Bildungslücken habe ich schon früh durch das Lesen von Büchern gefüllt. Stetig habe ich dadurch auch gegen das Gefühl der Unzulänglichkeit angekämpft, was mir sicher auch nicht geschadet hat. Alles, was mir zuvor verborgen geblieben war, habe ich mir durch Fachbücher selbst angeeignet, sodass ich gegenüber angehenden Unternehmern, die ihre Lebenszeit jahrelang dem Studium gewidmet haben, einen klaren Vorteil hatte. Während andere noch ihrem Examen hinterhergejagt sind, habe ich bereits zwei Firmen gegründet, also auch hier aus einer vermeintlichen Schwäche eine Tugend gemacht, ohne die ich niemals so weit gekommen wäre.

Die geistige Entwicklung ist auch deswegen überaus wertvoll, weil sie dir keiner nehmen kann, ganz gleich wie ungleich deine Startbedingungen auch gewesen sein mögen. Getreu dem Motto „Wer nicht liest, ist auch nicht besser dran als derjenige, der nicht lesen kann" habe ich mit zehn Seiten pro Tag begonnen, dann auf 20 gesteigert, bis ich irgendwann so daran gewöhnt war, wöchentlich ein ganzes Buch zu lesen oder besser gesagt durchzuarbeiten mit Markieren der wichtigsten Passagen und Post-its, um immer die Lernschritte stets in die Tat umsetzen zu können und den Input nicht einfach ergebnislos zu konsumieren. Denn das tun wir ohnehin schon viel zu viel durch die Dauernutzung von Social Media oder anderen Kanälen, was den Geist überfordert und gleichzeitig den Körper unterfordert.

Aber auch das Schreiben ist eine wichtige Ergänzung, um Gedanken festzuhalten, etwa in einem Tagebuch oder Erfolgsjournal. Damit kannst du, wie oben beschrieben, deine Entwicklung nachverfolgen und visuell darstellen. Die tägliche Dokumentation hilft auch, Klarheit zu gewinnen, weil dadurch die Genauigkeit der Wahrnehmung und die Reflexion trainiert werden.

Wenn du etwa ein Unternehmen aufbauen möchtest, das stetig wächst, musst du selbst auch stetig wachsen und dich entwickeln und dafür sorgen, dass du dich weiterbildest und inspirieren lässt. Und auch wenn du Menschen führen möchtest, ist es elementar, ihnen genügend Substanz zu liefern, die diese Führung auch rechtfertigt. Wissenshungrige Mitarbeiter sind dir bzw. deiner Firma nur so lange treu, solange sie von dir oder in ihrem Posten lernen können.

Und nicht zuletzt ist ein wacher Geist in der Lage, kreativ zu wirken. Doch dafür braucht es Raum und Zeit und auch das Vertrauen in die eigenen Fähigkeiten, mit denen jeder individuell gesegnet ist. Ob es ein kreatives Hobby, eine schöpferische Tätigkeit oder sonst irgendeine Beschäftigung ist, in der du voll aufgehen und dich entfalten kannst, bist du ganz in deinem Element und kannst deine geistige, unerschöpfliche Kraftquelle voll nutzen.

Merke:

Wenn dein Geist in guter Balance zwischen wertvollem Input und kreativem Output ist, entwickelst du nicht nur deine Persönlichkeit, sondern …

- *behältst den Anschluss und kannst dich besser an Veränderungen anpassen,*
- *wächst dein Netzwerk, weil du ein interessanter Gesprächspartner und gefragter Ratgeber bist,*
- *bist du ausgeglichener und bleibst im Kopf jung bis ins hohe Alter.*

8.3 Seele

Wie oft antworten wir auf die Frage „Wie geht es dir?“ mit „Danke, gut!“? Und das, obwohl es womöglich gar nicht stimmt oder wir uns nicht einen Augenblick Zeit nehmen, um darüber nachzudenken. Und kommt es doch mal zu einer Plauderei über Befindlichkeiten, sind wir schnell dabei, uns über Wehwehchen oder Stress im Job auszutauschen oder das Leben im Allgemeinen oder das der Kinder oder Eltern, obwohl es vielleicht ganz andere Themen sind, die uns beschäftigen.

Nun mag es seltsam anmuten, vor anderen spontan unser Innenleben auszubreiten oder sie womöglich mit unserem Seelenheil zu überfordern. Der Punkt, auf den ich hinaus will, ist jedoch, die wenigsten von uns sind wirklich und ständig bereit, ehrlich sich selbst gegenüber und authentisch anderen gegenüber zu sein. Dabei ist der Schlüssel, um Zufriedenheit und Glück zu erfahren, unseren wahren Seelenzustand nicht nur wahrzunehmen, sondern ihn zu pflegen und idealerweise alles danach auszurichten. Denn ebenso wie körperliche Symptome ein Warnzeichen für physische Erkrankungen sind, ist unser emotionales Befinden ein deutlicher Indikator für den Zustand unserer Psyche. Wie in diesem Buch ausführlich dargelegt, ist die Angst beispielsweise oftmals ein wichtiger Hinweis unseres inneren Systems, wohin wir genauer schauen sollten. Ob die Angst akut begründet erscheint oder nicht, sie hat immer eine Botschaft für uns, die uns anhält, sich mit unserer Seele auseinanderzusetzen. Auch umgekehrt gilt, wenn wir uns um unsere echten Bedürfnisse und Herzensangelegenheiten kümmern, schaffen wir die besten Voraussetzungen, um uns gut zu fühlen.

Überhaupt ist die Grundlage allen Wachstums im Außen zunächst die Sicht nach innen und die Fähigkeit, aber auch der Mut, sich selbst zu spüren. Wer ständig damit beschäftigt ist, sich von seiner Innenwelt abzulenken, etwa durch zu viel Arbeit oder den übermäßigen Konsum von Medien oder Genussmitteln, lebt nicht nur an seinem Leben vorbei, sondern vergrößert unterm Strich sein Leiden, weil dadurch Symptome vielleicht kurzfristig zwar abgemildert werden, aber die Ursache dafür nicht behoben wird und damit langfristig verschlimmert. Nur wenn du bewusst lebst, dir Auszeiten nimmst, um deiner inneren Stimme zuzuhören, schenkst du dir die Zuwendung, die du so vergeblich im Außen suchst.

Leitfragen

Um deine „Seele baumeln" zu lassen, wie man so schön sagt, und dich ideal nach deinem inneren Kompass auszurichten, versuche dich regelmäßig in die Stille zu begeben, dich innerlich anzubinden und dich selbst zu fragen:

1. *Wie geht es mir wirklich?*
2. *Was tut mir gut?*
3. *Wie kann ich noch mehr Selbstliebe leben?*
4. *Was berührt mich tief und wie kann ich berühren?*
5. *Wofür bin ich dankbar?*

8.4 Beziehungen und Liebe

Wie eingangs ausführlich dargelegt, ist ein ganzheitlich erfolgreiches Leben nicht möglich, ohne erfüllende Beziehungen zu pflegen. Natürlich gibt es immer wieder Phasen, in denen man sich lieber zurückzieht oder umgekehrt sich von seiner Familie oder Freunden auffangen lassen muss und auch darf. Aber unterm Strich ist ein ausgeglichenes Geben und Nehmen die Basis jeder gesunden Beziehung, sieht man von der besonderen Fürsorge für Kinder einmal ab. Aber auch innerhalb von intakten Familien verteilen sich emotionale Geschenke niemals nur einseitig und wenn wir wirklich bereit sind, Erwartungen in Wünsche zu verwandeln und von Herzen zu geben, finden wir das, wonach wir alle streben – die Liebe.

Wohl jeder Mensch sehnt sich von Kindesbeinen an nach Anerkennung und Liebe. Dafür sind wir bis hin zur völligen Selbstaufgabe bereit, alles zu tun. Wir opfern uns auf, wir buhlen um Aufmerksamkeit, wir streiten ums Recht haben oder behaupten uns gegen die Konkurrenz. Dabei ist der Weg zur Liebe und stabilen Beziehungen so einfach: Das Einzige, was wir dafür investieren müssen, ist, den anderen wirklich zu sehen! So gut wie jeder Konflikt zwischen zwei Menschen beruht darauf, dass mindestens einer von beiden sich eben nicht gesehen fühlt. Ob nun zu Recht oder nicht, wenn wir uns missachtet wähnen und Dinge persönlich nehmen, weil sie unser Selbst scheinbar oder tatsächlich infrage stellen, gehen wir auf Angriff oder Rückzug. Und naturgemäß lässt es sich nicht vermeiden, dass wir verletzt werden oder andere verletzen. Die Frage ist nur: Wie gehen wir damit um? Sind wir bereit, uns beim anderen aufrichtig für unser Fehlverhalten zu entschuldigen? Und sind wir ebenfalls bereit, dem anderen zu offenbaren, falls er uns zu nahe tritt und das dann gewaltfrei zu kommunizieren, also ohne Gegenoffensive?

Wer authentisch sein und echte erfolgreiche Beziehungen leben will, muss immer wieder mutig den ersten Schritt machen und seine Gefühle zulassen und auch zeigen, aber eben in einer Weise, die mehr inneren und äußeren Frieden erschafft. Es ist ein entscheidender Unterschied, ob wir unserem Gegenüber an den Kopf knallen „Du bist ein Idiot!“, weil er uns blöd gekommen ist, oder aber, ob wir es schaffen, Sätze zu sagen wie: „Durch dein Verhalten habe ich mich verletzt gefühlt." Solche Worte bauen dem anderen eine Brücke, sich ebenfalls zu öffnen. Ein Konflikt wird sich so viel schneller und einfacher lösen lassen, ohne dass aus kleinen Kränkungen tiefe Verletzungen werden, die irgendwann nicht mehr heilbar sind oder immer wieder sogar alte Wunden aufreißen, wie wir es nur zu gut aus Liebesbeziehungen kennen, wenn Partner durch ihr Verhalten Gefühle aus unserer Kindheit triggern.

Trotz allen Schmerzes und Kummers und der Arbeit, die tiefe Beziehungen bedingen, möchte ich an dieser Stelle zum Ende meines Buches unbedingt betonen, wie elementar stabile Verbindungen für ein Leben voller Wunder sind. Erst wenn wir uns eben buchstäblich auf andere beziehen, sehen und definieren wir uns auch selbst. Ich glaube sehr daran, dass es einen Grund gibt, warum wir hier auf dieser atemberaubend schönen Erde leben dürfen. Wir sind mit einem wundervoll ausgestatteten Körper gesegnet, der es uns ermöglicht, mit allen Sinnen zu genießen, unsere Seele wachsen zu lassen und Liebe als allumfassende Energie in all ihren Ausdrucksformen lebendig werden zu lassen und intensiv zu leben. Machen wir die Welt jeder für sich durch liebevolles Wirken zumindest ein bisschen besser, ist alles gut.

Schlusswort

Zum Ende meines Buches möchte ich mich aufrichtig bei dir bedanken, weil du mir bis hierhin gefolgt bist! Meine große Hoffnung und Intention war es, dich im Herzen zu berühren, auch wenn mir bewusst ist, wie hoch dieser Anspruch ist. Aber sollte sich dieser bewahrheitet haben und ich dir hilfreiche Impulse für eine erfolgreiche Entwicklung im Innen wie Außen gegeben haben, machst du dadurch auch mir ein unschätzbar wertvolles Geschenk. Denn nichts macht mich glücklicher, als Menschen und deren Unternehmen, insbesondere in der Gastronomie, zum Wachstum zu verhelfen. Durch all das positive Feedback, das ich inzwischen als Mentor und Gastroflüsterer erhalte, gewinne ich schier unerschöpfliche Energie, die mir dabei hilft, mich mit meinem Schicksal vollends zu versöhnen und meiner Geschichte, die keinen guten Anfang nahm, nicht nur zu einem glücklichen Ende zu verhelfen, sondern all dem Leid einen tieferen Sinn zu geben, der unendlich viel mehr wert ist als die unbeschadete Biografie einer Einzelperson. Mein Urtrauma, mit dem alles begann, habe ich viel zu lange für mich behalten, all den Schmerz tief in mir vergraben und außerhalb tagtäglich nichts anderes getan, als ums emotionale Überleben zu kämpfen. Ein Kampf gegen Symptome, deren Ursache fast vier Jahrzehnte zurückliegt ...

Ein Tag, der alles veränderte

Stell dir vor, es ist Morgen, im Frühjahr 1984. Du bist ein Kind, sieben Jahre alt, und schläfst friedlich. Draußen bricht leise der Tag an. Doch urplötzlich um 5:30 Uhr stürmen fremde Menschen in roten Kitteln in dein Zuhause und reißen dich aus dem Schlaf. Sie ziehen eine leblose Gestalt in die Küche, in der dein Schlafsofa steht. Wie durch einen Schleier, der dennoch nichts schützend vor deinen Kinderaugen verbergen kann, erkennst du voller Grauen diese leblose Gestalt als deinen Vater, der blutüberströmt buchstäblich mit zertrümmertem Schädel und zwei klaffenden Kopfverletzungen direkt neben dir platziert ist. Die Ersthelfer brüllen: „Zieht den Jungen da weg!" Denn du schreist vor Schock, verlierst dann die Erinnerung und schläfst wieder ein. Als du vier Stunden später wieder aufwachst, erfährst du, dass dein Vater mit einem Helikopter in eine Spezialklinik geflogen wurde und niemand weiß, ob er jemals wieder zurückkommt. Du folgst wie in Trance den Blutspuren durch das gesamte Haus, die ihren Anfang unweit der Eingangstür mitten auf der Straße nahmen, wo deinem Vater hinterhältig aufgelauert worden war und mehrere Männer mit einem Baseballschläger auf ihn eingeschlagen hatten, bis er bewusstlos am Boden gelegen hatte und deine heile Welt und die deiner Familie jäh zerstört wurde.

Weshalb ich dir diese Geschichte erzähle? Ganz einfach: Es ist meine! Ich bin dieser Junge an diesem Frühlingsmorgen.

Eine Frage der Ehre

Obwohl ich neun Jahre jünger bin als meine Schwester, hatte ich damals mitbekommen, dass sie sich mit ihrem Freund verlobt hatte. Mein Vater hatte für das angehende Brautpaar bereits eine Wohnung im selben Haus organisiert, obwohl er sich für seine Tochter eigentlich einen anderen Mann gewünscht hätte. Denn die beiden hatten so große Differenzen, dass meine Schwester sich irgendwann dann doch dazu durchgerungen hatte, die Verlobung zu lösen und die Hochzeit abzusagen. Die Familie ihres Ex-Freundes fühlte sich in ihrer Ehre gekränkt und drohte meinem Vater bereits bei einer ersten handgreiflichen Auseinandersetzung zuvor, ihn bei nächster Gelegenheit umzubringen.

Das ist bereits einen Tag später tatsächlich fast gelungen, wäre die Tatwaffe nicht aufgrund der hohen Gewalteinwirkung zerbrochen und unweit des Tatortes entsorgt worden. Und hätte mein Vater sich trotz multiplen Schädelbruchs und einem dreiviertel Jahr im Wachkoma nicht wieder zurück in ein Leben gekämpft, das seit diesem brutalen Ereignis von Ängsten, Verzweiflung und Wut dominiert war. Auch ich schwor noch an jenem selben Morgen Rache, als ich mir Blut meines Vaters an die Stirn schmierte und begann, zu hassen. Trotz meines jungen Alters erklärte ich meiner Schwester gegenüber, ich werde die Mörder umbringen, sollte unser Vater nicht mehr zurückkehren. Auch sie hat bis heute nie aus ihrem Strudel unberechtigter Schuldgefühle herausgefunden und meine Mutter hat mehr Tränen geweint als wohl die meisten anderen Mütter. Es beherrschte uns aber nicht nur die Angst, dass mein Vater es nicht schaffen würde, sondern auch die vor weiteren Drohungen, die trotz Polizeischutz wie ein Schatten über unserer Familie lag. Vier Jahre sollte es dauern, bis der Haupttäter verurteilt wurde. Aufgrund all der Ohnmacht habe ich in dieser Zeit Zwangshandlungen entwickelt, die alles – scheinbar – wieder unter Kontrolle bringen und meine düsteren Gedanken auf etwas anderes lenken sollten. So habe ich zigfach meine Schultasche überprüft, Bücher gezählt usw., aber nie mit einem Menschen über den schlimmsten Schlag meines Lebens gesprochen. Ich schwor mir selbst gegenüber, immer stark und mächtig zu sein und Erfolg zu haben, um all diesem Grauen nicht länger hilf- und machtlos ausgeliefert zu sein.

Meine Erinnerungen an jenen Tag sind bis heute so tief verborgen, dass sie wie ein einziger Schmerzpunkt mit meinen Zellen verschmolzen und untrennbar mit meiner Identität verstrickt zu sein scheinen. Und doch gibt es diese beklemmenden Details, die ich auch nach über 35 Jahren abrufen kann, so, als wären sie gerade erst gestern passiert und die ich dir zum Abschluss nicht vorenthalten wollte. Denn erst durch sie wirst du wirklich nachvollziehen können, warum auch mein Weg – wie der so vieler anderer – beweist: In dem tiefsten Schmerz liegt unser größtes Wachstumspotenzial. Schaffen wir es, ihn vollständig zu transformieren, bleiben zwar individuelle Narben. Aber jede noch so große Wunde kann Heilung erfahren, was uns nicht nur zu einem besseren Menschen macht, sondern auch dem Kollektiv dient, weil nichts und niemand für sich allein existieren kann und wechselseitig von allem anderen abhängig ist.

Meine Rückkehr nach innen

Bis zu meinem eingangs geschilderten Absturz an jenem Sonntagmorgen sollte es dauern, bis ich mich durch meine verzweifelte Flucht in die Sackgasse manövriert hatte. Ich war so leergebrannt, dass ich der Versuchung, mein Trauma durch Leistung und dem Willen nach Anerkennung und Respekt kompensieren zu wollen, nicht mehr nachgeben konnte und erkennen musste, dass alles, was ich erreicht hatte, keinen nachhaltigen Erfolg brachte. Letztlich waren diese Leere, das Scheitern meiner Ehe und der Verlust meiner Mutter die entscheidenden Tropfen, die das Fass des Schmerzes zum Überlaufen gebracht und mich endgültig in die Knie gezwungen haben. Und so gelangte ich an jenem Sonntag einmal mehr zum tiefsten Punkt meines Lebens, an dem ich im Außen all das verlor, was ich zuvor so mühevoll aufgebaut hatte, um ja nicht nach innen schauen zu müssen. Jahrzehntelang machten mich meine Depressionen mürbe, bis es keinen anderen Ausweg mehr gab, als den Mut aufzubringen, mich endlich meinem Schicksal zu stellen, Licht in die dunkle Vergangenheit zu bringen und die Geschichte meiner Familie in einer dreijährigen Therapie aufzuarbeiten.

Vieles im Außen hat sich seitdem positiv in meinem Sinne verändert, aber erst, nachdem ich etwas in mir verändert und meinen Hass und meinen Schmerz in Liebe und Leichtigkeit verwandelt habe. Meine Entwicklung ist seither organisch und authentisch und hat nichts mehr mit meinen Kämpfen zuvor gemein. Natürlich gibt es auch heute noch düstere Phasen und herausfordernde Krisen wie Corona oder meine Nervenerkrankung. Doch habe ich gelernt, solche Tiefschläge so zu transformieren, dass sie mich nicht mehr in meinen Grundfesten erschüttern können, sondern mehr noch, in ihnen die Chance für wahres Wachstum zu sehen. Ohne Corona wäre ich niemals in der Lage gewesen, die existenziellen Nöte eines jeden Gastronomen wahrhaftig nachzuempfinden und wahres Verständnis für all ihre Herausforderungen aufzubringen. Wie ein Pendel, das lange Zeit im Kreis umherwirbelt, hat mich diese globale Krise persönlich zur Ruhe kommen lassen. Denn all mein Übereifer und wie vom Wahn getriebener Ehrgeiz mündete schließlich in einer nie gekannten Gewissheit, endlich angekommen zu sein. Das Pendel meiner Seele schlägt nicht mehr zum Zerreißen aus, sondern findet seinen Fokus in der Mitte, in meiner Mitte. Auch wenn ich von außen betrachtet noch immer umtriebig und präsent bin, ist es in mir drinnen friedlich. Und wenn es doch mal allzu aufwühlend wird, weiß ich inzwischen, Warnsignale richtig zu deuten, Schmerz wahrzunehmen und anzunehmen und dem kleinen Jungen in mir Liebe und Wertschätzung zu schenken, sodass er nicht länger rebellisch, sondern entspannt durchs Leben reisen kann. Uns alle eint die Sehnsucht nach Freiheit, Sicherheit und Glück, aber jeder muss bei sich selbst anfangen und sich selbst heilen. Nur wenn wir innerlich stabil sind, können wir unser Inneres zum Strahlen bringen und all den Menschen dienen, die wir lieben und die uns wohlgesonnen sind.

Liebe ist die Antwort

Wer bereit ist, wirklich an sich zu arbeiten, hat den ersten, wichtigsten Schritt bereits geschafft. Selbst-Reflexion ist viel klarer mit einem Spiegel, der uns vorgehalten wird, wenn wir in Beziehungen mit anderen stehen. Meine Befreiung habe ich aber auch der Liebe zu verdanken, die mir, so mein Glaube, meine Mutter in Gestalt einer neuen Partnerin und vieler anderer für mich wichtig gewordener Menschen geschickt hat, weil mir bis dahin die Wärme in meinem Leben gefehlt hat, seit sie nicht mehr da war. Meine Mutter war Zeit meines Lebens meine größte Bezugsperson. Leider habe ich in dem Moment, in dem sie für immer gegangen ist, nicht bei ihr sein können. Und dennoch habe ich Abschied von ihr genommen, weil ich zum exakten Zeitpunkt ihres Todes eine solch intensive Energie gespürt habe, dass ich überzeugt bin, wir Menschen sind viel stärker miteinander verbunden, als es unser Verstand erfassen kann. Seitdem glaube ich daran, dass meine Mutter über mich wacht und an andere höhere Mächte, die uns führen und tragen und in die wir uns vertrauensvoll hineinbegeben können, wenn wir nur wollen. Alles ist mit allem verbunden. Fügst du einem anderen Schaden zu, bist du auch selbst derjenige, der Schaden nimmt. Gehst du liebevoll durchs Leben, ist dein Leben voller Liebe.

Durch sie habe ich nicht nur Urvertrauen in mich und ins Leben gewonnen und gelernt, die Kontrolle abzugeben und mich fallen zu lassen. Nein, ich habe mich auch zu einem besseren Menschen entwickelt, der anderen mit mehr Aufrichtigkeit, Respekt und Mitgefühl begegnet und dadurch das Gleiche, wenn nicht gar mehr, zurückbekommt. Wenn wir innen wirklich in der Liebe sind, begegnen wir ihr auch tagtäglich im Außen.

Du hast die Macht

In jedem Moment unseres Lebens haben wir die Wahl, zu entscheiden, ob wir die Welt zu einem schlechteren oder einem besseren Ort machen. Ausschlaggebend dafür sollte nicht unser Wille zum Erfolg im Außen sein, sondern der Wunsch nach Seelenfrieden im Inneren. Ohne Mitgefühl mit seinem inneren Kind und das der anderen kann kein Mensch glücklich sein, egal wie reich an Geld er ist. Der einzig wahre Erfolg liegt darin, seine Ängste zu transformieren und ein guter Mensch zu sein.

Ich selbst habe unter größtem Leidensdruck Hass in Liebe verwandeln können und wäre rückblickend heilfroh gewesen, hätte ich diese Entscheidung früher getroffen und nicht wertvolle Lebenszeit verschenkt. Aber es war nicht zu spät, um zu erkennen, dass das Festhalten an zweifelhaften Konzepten oder falschen Glaubenssätzen kein nachhaltiges Glück bringt, sondern es sind die konkreten Erfahrungen, die wir in der tagtäglichen Praxis machen. Und so möchte ich schließen mit einem Zitat von einem meiner am meisten geschätzten Autoren, Thich Nhat Hanh, der sagt:

„Wenn wir die Erfahrung machen, dass ein Weg Sie in die richtige Richtung führt, dann wächst das Vertrauen in diesen Weg und damit auch Ihre Freude, ihn zu gehen. Diese Freude gibt Ihnen Kraft, eine Energie, die weder Ihnen selbst noch anderen Schaden zufügen wird. Andere Menschen werden diese Kraft sofort spüren, denn wenn wir Vertrauen haben, leuchten unsere Augen und unsere Schritte sind sicher. Das ist Macht. Sie lässt sich in jedem Augenblick des alltäglichen Lebens erreichen und kann uns wahres Glück bringen.“[4]

4 Thich Nhat Hanh: The Art of Power – Die Kunst, mit Macht richtig umzugehen (Herder, 2008)

Danksagung

Zu allererst möchte ich meiner über alles geliebten Mutter danken, die mir Zeit ihres Lebens nicht nur all ihre Liebe geschenkt hat, sondern auch meinen Sinn für Worte. Sie selbst verfasste zwei Bücher, weswegen ich ihr früh versprach, eines Tages werde ich ebenfalls eines schreiben. Ebenso tief dankbar bin ich meinem Vater und meiner Schwester, ohne die ich ein anderer wäre und ohne die diese Geschichte nicht hätte erzählt werden können.

Ich danke auch herzlich meiner Ex-Frau Anja, die mir mit unserer wunderbaren Tochter Alisiya das größte Geschenk überhaupt gemacht hat. Erwähnen möchte ich unbedingt meinen Cousin Lütfü Üres, der mir ein lebenslanger Mentor ist, sowie meinen Freund und Geschäftspartner Frank, mit dem ich viele Tiefen gemeistert und Höhen erreicht habe. Auch mein anderer Geschäftspartner und Freund Ekko trug mich stets auf nächsthöhere Level. Danken möchte ich auch allen anderen Weggefährten, die mir zur Seite standen, einschließlich jedem einzelnen meiner Mitarbeiterinnen und Mitarbeiter, und aber auch all jenen, die mir meinen Schmerz aufgezeigt haben und mich dadurch haben wachsen lassen.

Und schließlich danke ich meiner Lebensgefährtin Theresa, die mich ohne Ende unterstützt, nicht nur, aber auch bei diesem Herzensprojekt. Rund gemacht haben es Sofie, Jessica, Caro und Ludger durch ihre wertvollen Impulse und ihre professionelle Kreativität, die auch in mein Erfolgsjournal eingeflossen sind.

Und nicht zuletzt, aber am Ende dieses Buches möchte ich dir danken, liebe Leserin, lieber Leser, für deine Zeit, deine Aufmerksamkeit und deine Wertschätzung. All das bedeutet mir weitaus mehr, als ich jemals in Worte fassen könnte!